本书为 2022 年度河南省高等学校哲学社会科学基础研究重大项目

"智媒时代移动短视频平台的河南文化传播创新研究"（编号：2022-JCZD-24）的阶段性成果

郑州大学 | 眉湖·传媒书系

短视频时代
中原文化传播创新

INNOVATIVE COMMUNICATION OF
CENTRAL PLAINS CULTURE
IN THE ERA OF SHORT VIDEOS

邓元兵 著

社会科学文献出版社
SOCIAL SCIENCES ACADEMIC PRESS (CHINA)

眉湖·传媒书系编委会名单

主　　编：张举玺

副　主　编：陈晓伟　　张淑华　　郑素侠

编委会成员：汪振军　　张兵娟　　党东耀
　　　　　　周鹍鹏　　刘宪阁　　邓元兵
　　　　　　崔汝源

前　言

文化兴则国运兴，文化强则民族强。党的十八大以来，习近平总书记提出"激发全民族文化创新创造活力，建设社会主义文化强国"，① 并强调："推动中华优秀传统文化创造性转化、创新性发展。"② 文化不仅对一个民族来说至关重要，对区域发展的重要性也不可忽视。2021 年，从河南春晚的《唐宫夜宴》，到《端午奇妙游》的水下飞天舞蹈《祈》，再到《七夕奇妙游》的《龙门金刚》，河南卫视的系列节目真正做到了文化"出圈"，极大提升了河南的文化自信。被重新剪辑的短视频《唐宫夜宴》等在抖音等短视频平台上迅速传播，河南卫视以创新的话语表达方式与内容呈现形式引起大众热议，让全国感受到中原文化的深厚底蕴与独特魅力。可见，对于河南这一文化大省来说，迫切需要充分挖掘其文化资源与文化内涵，创新文化传播路径，塑造具有影响力的区域文化品牌，从而提升中原文化的影响力。

短视频的兴起与快速发展为中原文化的传播提供了全新的叙事平台和方式，为中原文化传播创新带来了新的机遇，改变了以往传统的文化传播样态，为提升中原文化传播的影响力带来了新的可能。因此，本书围绕中原文化的多种样态，针对中原文化在短视频时代如何进行传播创新展开系统研究，最终提出中原文化传播影响力的提升策略。

总体来看，本书先是介绍了研究背景，主要阐述中原文化发展历程、中原文化的类型和中原文化传播整体概况。后分为七章：第一章至第六章主要论述短视频时代多种样态的中原文化传播现状、传播特点和存在问题等；第七章提出短视频时代中原文化传播创新路径与策略。

---

① 《习近平关于社会主义精神文明建设论述摘编》，中央文献出版社，2022，第 25 页。
② 《习近平关于社会主义精神文明建设论述摘编》，中央文献出版社，2022，第 24 页。

绪论。介绍了本书的研究背景，通过对中原文化发展历程的梳理和对现有研究进行文献梳理，明确了研究问题。同时，把中原文化划分为戏曲文化、武术文化、民俗文化、饮食文化、红色文化等不同类型。使用 ROST CM 6 工具对目前社交媒体上呈现的中原文化传播整体情况初步进行了挖掘和描述，为后续研究奠定了基础。

第一章：短视频与中原戏曲文化传播。本章深入探究中原戏曲文化传播与发展现状，并以抖音短视频为例，分析短视频时代中原戏曲文化的传播特点、传播创新、传播中存在的问题以及相关改进策略，以期为未来中原戏曲文化更好地在短视频时代传播提供思路，为推动中国戏曲文化传播创新提供借鉴。

第二章：短视频与少林武术文化传播。本章关注的研究问题是短视频时代少林武术文化传播现状及其在传播过程中面临的困境，同时提出推进少林武术文化资源发掘以及少林武术文化品牌塑造的策略，从而提升文化认同。

第三章：短视频与中原民俗文化传播。如何顺应时代要求，不断提升民俗文化价值潜能，促进民俗文化在短视频新媒介时代的活态保护、传承与发展，是本章要着力探索的问题。本章通过将抖音平台中中原民俗文化短视频以及洛阳牡丹花会短视频的展演作为分析样本，研究中原民俗文化短视频展演的呈现方式、中原民俗文化短视频的传播现状、中原民俗文化短视频生产和传播中存在的问题，以及有针对性地提出中原民俗文化短视频的传播优化策略，以期推动中原民俗文化利用短视频媒介更好地创新发展。

第四章：短视频与豫菜饮食文化传播。本章通过对短视频平台上豫菜饮食文化相关短视频进行分析，在观察记录豫菜文化的相关短视频的传播现状与传播困境的同时，探讨如何借助抖音等短视频平台推动中原饮食文化的传承与创新传播。

第五章：短视频与中原红色文化传播。河南省地处中原腹地，红色文化资源深厚，本身具有辐射全国的地缘优势和底蕴实力。短视频能够整合红色资源，进行红色文化的数字化保存与传播。本章介绍了中原红色文化的内涵、传播现状，以短视频为载体，可以打破中原红色资源分布的空间局限，为当地红色文化的传承与弘扬提供了新思路。

第六章：短视频与中原宗教文化旅游景点传播。本章选取龙门石窟作为探究短视频中宗教文化传播的载体继续研究。收集龙门石窟景点在抖音的官方账号"龙门石窟""龙门石窟研究院"所发布的视频，分析视频内容中涵盖的隐喻叙事方式，发现其背后传达的文化意义。

第七章：短视频时代中原文化传播创新策略。通过以上对多种样态的中原文化传播特点、面临的困境、现存的问题等进行分析，本章提出在短视频时代提升中原文化传播创新的方案。

目　录

绪 论

一 研究背景

文化兴则国运兴，文化强则民族强。党的十八大以来，习近平总书记提出"激发全民族文化创新创造活力，建设社会主义文化强国"①，并强调"推动中华优秀传统文化创造性转化、创新性发展"。② 文化不仅对一个民族来说至关重要，对区域发展的重要性同样不可忽视。2021 年起，河南卫视真正做到了文化"出圈"，从河南春晚的《唐宫夜宴》，到《端午奇妙游》的水下飞天舞蹈《祈》，再到《七夕奇妙游》的《龙门金刚》，极大提升了河南的文化自信。被重新剪辑的短视频《唐宫夜宴》等在抖音等短视频平台上迅速传播扩散，河南卫视以创新的话语表达方式与内容呈现形式引起大众热议，让全国感受到中原文化的浓厚底蕴与独特魅力。可见，对于河南这一文化大省来说，迫切需要充分挖掘其文化资源与文化内涵，创新文化传播路径，塑造具有影响力的区域文化品牌，从而提升中原文化的影响力。

文化是一个国家和民族的灵魂，是综合国力的重要组成部分，亦是增强综合国力的重要力量。文化的概念十分复杂，关于文化的定义也有很多，目前较为科学且被普遍接受的关于文化的定义是 1987 年爱德华·泰勒的观点：文化或文明，表现为一个复合整体，包括知识、信仰、艺术、道德、法律、习俗以及作为一个社会成员的人所习得的其他一切能力和习惯③。可以看出，文化所包含的领域十分广泛，覆盖的范围也十分全面。

---

① 《习近平关于社会主义精神文明建设论述摘编》，中央文献出版社，2022，第 25 页。
② 《习近平关于社会主义精神文明建设论述摘编》，中央文献出版社，2022，第 24 页。
③ 〔英〕爱德华·泰勒：《原始文化》，连树声译，上海文艺出版社，1992，第 1 页。

任何一个国家、一个民族、一个区域、一个城市甚至是一个村落和一个家庭都有其独特和饱含意义的文化特质。这些保留和传承下来的文化既是对历史的沉淀和见证，又是对特定时期社会现象的反映，是人类文明进步发展的重要财富。

河南，史称中原，是华夏文明和中华民族的重要发祥地之一，也是文化资源大省。中原大地历史悠久、人文厚重、文化遗产众多、旅游资源丰富。老子、庄子、诸葛亮等中国古代名人都来自河南。中国八大古都，河南独占其四。从古至今，提到河南或是中原，人们自然会和历史、文化联系在一起，而底蕴丰厚的河南文化自然也在发展过程中演变出了多种多样的文化形态：以殷墟甲骨文、仰韶文化等为文化载体的历史文化；以后母戊鼎、唐三彩等为文化载体的科技文化；以白马寺、龙门石窟等为文化载体的宗教文化；以红旗渠纪念馆、焦裕禄陵园等为文化载体的红色文化；以少林寺塔林、开封铁塔等为文化载体的建筑园林文化；以洛阳水席、鲤鱼焙面等为文化载体的饮食文化；以洛阳牡丹花会、汴绣等为文化载体的民俗文化；以少林武术、太极功夫等为文化载体的武术文化；以裴李岗遗址、伏羲传说等为文化载体的农耕文化以及以豫剧、越调、曲剧等为文化载体的戏曲文化。这些不同类别的文化形态既各自独立平行发展，又相互影响相互促进，共同构成了博大精深的河南文化，并不断推动河南文化蓬勃发展。

目前，中国学界对于中原及中原文化大多是从狭义上来理解，中原成为河南的一个代称。广义的中原，指以河南为核心的黄河中下游地区，即包括山东、河北、山西乃至陕西的一部分，狭义的中原，就是今日的河南，因此，可以说，中原是河南的别称。① 因此，河南文化又被称为中原文化。中原在历史上曾长期是中国政治、文化中心，一些城市曾长期为帝都所在地，九朝古都洛阳、十朝都会开封至今依然散发着浓郁的历史文化气息。具有丰富人文历史积淀、民风民俗古朴醇厚的中原文化，在历史上展现了它的无穷魅力，但在其后的发展中出现了文化断层，特别是近现代以来逐步被遗忘。另外，数字化、现代化与全球化对中原文化传播也带来了极大的冲击。

---

① 张立新：《中原文化解读》，文心出版社，2007，第 1 页。

　　整体而言，目前关于中原文化传播的系统研究并不多，集中在以下方面。第一，强化中原文化建设及提升其传播力的必要性。相关研究指出"加快构筑全国重要的文化高地"是中共河南省第十次党代会提出的重大战略部署。实施这一重大战略部署，必须坚持对中原文化"创造性转化和创新性发展"的指导思想，认真研究河南文化在全国的地位、整个河南在全国的分量和地位，建设全球华人根亲文化圣地、思想理论高地、中国文化遗产保护传承示范基地、现代文化创新发展高地、文学艺术精品高地、全国公共文化服务高地、全国重要的文化产业基地、现代文化传播高地和中华文化"走出去"的重要基地。[①] 第二，中原文化的个案研究较多，例如新媒体时代豫剧文化传播策略研究，[②] 非遗信阳毛尖制作技术传承与茶文化传播，[③] 豫商文化的传播策略探析，[④] 河南博物院的文化传播等。[⑤] 第三，也有学者关注中原文化的国际传播，学者们研究了中原文化海外推广的途径，[⑥] 关注了河南体育文化国际传播策略，[⑦] 研究了"一带一路"与中原文化传播等。[⑧] 第四，中原文化传播力提升研究。中原文化源远流长、博大精深，在社会发展中发挥着引领、推动和凝聚等重要作用，是助推中部崛起的软实力；[⑨] 有学者结合全媒体环境，针对宗亲文化传播的影响和

① 李庚香：《河南"加快构筑全国重要的文化高地"的指导原则和重大举措》，《领导科学》2018年第5期；胡永启：《河南打造中原文化高地刍议》，《中州大学学报》2019年第4期；许庆贺：《中原文化高地建设视野下豫商文化的弘扬与传播》，《天中学刊》2019年第5期；于秀：《"一带一路"倡议下加快河南中原文化传播的意义》，《视听》2020年第10期。

② 赵静斐：《台网联动下的豫剧文化传播——以〈梨园春〉为例》，《新闻战线》2017年第14期；代芳芳：《河南传统戏曲跨文化传播探究》，《新闻爱好者》2020年第7期；杨静：《新媒体时代豫剧文化传播策略研究》，《戏剧之家》2021年第5期。

③ 王明磊：《非遗信阳毛尖制作技术传承与茶文化传播》，《福建茶叶》2018年第4期。

④ 宋淑芬：《豫商文化的传播策略探析》，《河南商业高等专科学校学报》2013年第3期。

⑤ 刘亚奇：《基于问卷调查的河南博物院文化传播效果分析》，《河南财政税务高等专科学校学报》2021年第6期。

⑥ 李亚：《中原文化海外推广的途径》，《郑州航空工业管理学院学报》（社会科学版）2012年第5期。

⑦ 杜思民：《河南体育文化国际传播策略研究》，《少林与太极（中州体育）》2013年第10期。

⑧ 杨芬：《"一带一路"战略下河南中原文化传播》，《太原城市职业技术学院学报》2017年第2期。

⑨ 孙文杰：《"互联网+"时代中原文化传播力提升路径》，《青年记者》2017年第14期。

提升策略进行了分析;① 也有学者通过城市形象广告语研究其文化传播特征;② 对文旅融合环境下河南黄河文化传播策略进行了研究。③

通过以上梳理，我们可以发现目前关于中原文化传播与短视频相关的研究较少；目前的研究多为个案性质的研究，是针对河南某种特定文化符号开展的研究，不具有系统性；在研究方法上多为现象观察、个案分析等，缺少大规模的案例分析等实证研究。因此，本书将围绕中原文化的多种样态，针对中原文化在短视频时代进行传播创新的方式进行系统研究，提出中原文化传播影响力的提升策略。

二　中原文化发展历程

学者徐杰舜在《雪球——汉民族的人类学分析》中写道："河南人是一个怀旧的群体，他们念念不忘的是他们的历史，翻开各种有关河南的书籍，最醒目地映入眼帘或出现频率最多的便是'河南历史悠久'诸如此类的开场白。"从商周到北宋，中原王朝的活动中心基本上都在河南及其附近地区，河南的历史遗迹像天上的星星般数也数不清。二里头、仰韶、安阳等著名的原始文化遗址，商丘、安阳、洛阳、郑州、许昌、开封等著名的古都名称，洛阳的白马寺、登封的少林寺、开封的相国寺、汤阴的岳飞庙、鹿邑的太清宫等著名的宫观寺庙；这儿的历史名人曾独领政治、经济、军事、文化的风骚，如楚国的令尹孙叔敖、秦朝的丞相李斯、著名将领灌婴、著名政治家晁错、三国两晋南北朝的书法家钟繇及文学家谢灵运，以及唐代之后的书法家褚遂良，画圣吴道子，诗人或文学家杜甫、岑参、李商隐、韩愈、刘禹锡、史学家李延寿、薛居正，军事家岳飞等。这里有着几千年历史的遗迹和不同时期的历史名人，每一处遗迹都有无数个传奇，每一个历史名人都有无数个动人的故事，加上王朝的兴衰，可以让河南人一代一代地说个不停。这就形成了河南人浓郁的怀旧情结，这是一

---

① 任宝旗：《全媒体视域下宗亲文化传播对社会的价值维系——以河南卫辉比干祭典为例》，《山西财经大学学报》2018 年第 2 期。
② 马惠玲：《城市形象广告语及其文化传播特征——以"四 + 四"式语言结构模式为例》，《河南大学学报》（社会科学版）2019 年第 6 期。
③ 杨凡：《文旅融合环境下河南黄河文化传播策略研究》，《新闻爱好者》2021 年第 4 期。

种赶不走驱不散说不清道不明的情绪、心态。

北宋灭亡之后，中原地区在中国历史舞台上便失去了主角位置，古老、悠久、浓厚的历史文化是中原文化的标签和引以为傲之处。我们以河南的历史沿革来述说中原文化可以更清晰地知道为什么河南人对自己的历史文化那么津津乐道了。

远古时期的河南，气候适宜，河湖遍布，凭借其优越的地理位置和得天独厚的自然条件，成为华夏民族祖先生息繁衍之所，在中原这块土地上形成了发达的史前文化。1978 年在河南南召县云阳镇附近的杏花山下发现了南召猿人遗址，南召猿人生活的时代与北京猿人相当，距今约五六十万年。此外，发现了旧石器时代早、中、晚三个时期的文化遗址。裴里岗文化是河南发现的新石器时代早期文化的代表，继此之后是仰韶文化和龙山文化，这些充分表明河南的史前文化不仅悠久，而且前后一脉相承。

夏、商时期，河南是统治中心。夏王朝初都阳城（今河南登封告成镇），河南嵩山周围的伊、洛、颍、汝河谷平原地带是夏部族的发祥地，也是夏文化的中心地带，豫中、豫西是夏人活动的中心。而在河南发现的早商（偃师商城、郑州商城）、中商（安阳洹北商城）和晚商（安阳殷墟）都城遗址，则毫无疑问地表明河南在当时的政治中心地位。西周虽定都镐京，但建国初年便开始营建洛邑，东周周平王迁都洛邑。西周时期，河南境内有管、陈、宋、卫等诸侯国，又有周天子直辖的成周王畿之地。春秋战国时期，河南以其在全国的政治、经济、军事中心地位而成为诸侯国争夺的中心地区。在诸侯国的改革中，中原经济得到了发展，诸子百家中的老子、庄子、墨子、韩非子在百家争鸣中书写了辉煌的篇章，其文化之道直到今日依然散发万丈光芒①。

在秦代短暂的统治中，张楚政权的建立使河南成为中国历史上第一个农民政权的摇篮。两汉时期是河南历史上第一个发展高峰，该时期河南的政治、经济、文化发展水平代表了当时较高的水平。东汉都城洛阳和帝乡南阳均位于河南，开国元勋的"云台二十八将"大多是河南人，甚至出现了著名的"汝半朝"现象，河南在当时政治中的地位由此可见一斑。

---

① 王伯昂：《乡土教材研究》，商务印书馆，1948，第 14 页。

魏晋南北朝时期既是大分裂大混战时期，也是民族迁徙和民族文化交融的时期，文化呈现繁荣多元的特征，玄学盛行，佛教迅速发展，道教走向成熟，中华文化独尊儒术。三国时期，曹魏长期立足于许昌，后建都于洛阳，许多重大的政治制度，如屯田制、九品中正制在此诞生。西晋以洛阳为都城，其王祖故里在今河南温县。除具有政治中心的地位外，当时的河南也是文化发展的中心，佛教自两汉之际传入中国，首先于洛阳建白马寺，设译经场，直至北朝，中原一直是佛教的活动中心。以"三曹"和"建安七子"为代表的著名的建安文学诞生。另外，在中医学、科学技术等方面，也较以前大有发展。历时八年的"八王之乱"成为河南历史发展的重大事件，以洛阳为中心的地区受到严重的破坏。东晋十六国时期，河南地区战争频繁，受到严重破坏。后虽有北魏以洛阳为都城，却辉煌不再。

隋唐时期是河南历史上第二个发展高峰。隋朝的统一，为河南局部地区带来了一定的繁荣，隋炀帝对洛阳进行大规模营建，洛阳一度成为隋朝的东都，大运河的开凿及以洛阳为中心，使河南和关中一样成为全国重要的政治和经济中心。隋末唐初河南一度成为群雄逐鹿之地，瓦岗军以瓦岗寨为根据地，与隋朝政府军展开斗争，洛阳成为争夺的焦点之一。唐朝是中国封建社会的繁荣时期，唐虽以长安为都城，但以洛阳为东都，武则天更是以洛阳为神都，使河南继续保持了在全国的中心地位。安史之乱时，整个淮河以北地区成为叛军劫掠的主要地区，河南也数度遭劫。

北宋时期是河南历史发展的分水岭，既是辉煌的顶峰，也是衰败的开始。北宋以开封为都城，称东京，洛阳称西京，商丘称南京，河南成为宋王朝的心脏地区。北宋的疆域不及汉唐辽阔，但北宋所创造的辉煌文化不仅可以与汉唐比肩，甚至逾越汉唐，综观当时的世界，欧洲还处在黑暗的中世纪，而北宋的中国文化则处于无可辩驳的领先地位。世界著名英籍学者李约瑟对北宋文化给予了很高的评价，"谈到 11 世纪，我们犹如来到了最伟大的时期"，"文化科学都达到了前所未有的高峰"。日本汉学家更是把唐代作为中国"中世社会"的终结，把宋代作为中国"近世社会"的开端。宋世的辉煌一定意义上表明了河南的辉煌，张择端的《清明上河图》选择清明这个时节描绘出北宋都城水陆运输和市面的繁荣，充分呈现了当时开封城的盛世之况。在北宋统治的 167 年里，河南是中国的政治中心、经济中心和文化科技教育中心。作为政治中心，东京容纳了皇室及中央政府的全部权力机关，立法施政，统御四方。作为经济中心，京畿周边地区的经济复苏和发展均走在全国的前列。东京城人口超过150万，是当时世界上最繁华的城市。作为文化科技教育中心，河南可以说是北宋的科研中心，京城的中央机构将作监、司天监、御药院等机构，既有行政管理职能，也是专业研究机构，印刷术、火药、指南针这三项世界级的发明及实际广泛应用均完成于北宋。河南也是北宋思想家的摇篮，范仲淹、欧阳修、王安石、司马光、程颐等一大批士大夫都在这里成长，并最终形成了自己的思想体系。宋代的"四大书院"中有两座（嵩阳书院和应天府书院）建在河南，其教育执全国牛耳。

随着大宋的南迁，河南逐渐失去了中心地位，南宋时，河南成为南宋与金、蒙古争夺的主战场，受到严重破坏。元朝时，由于政治军事中心的北移，交通干线改变，经济重心南移，以及其他地区发展较快而后来居上，河南在全国的地位弱化。

明朝初年，河南因长期战乱导致田园荒芜、人口锐减，统治者从山西等地移民垦荒。明清时期对黄河的治理，使大片弃地变为良田，商品经济也有所发展，并出现了资本主义萌芽，朱仙镇、赊店镇、荆紫关镇都是著名的商品集散地。1840年鸦片战争揭开了中国近代史的序幕，中国步入了半封建半殖民时期。1911年的辛亥革命推翻了清王朝，结束了中国漫长的封建时代，紧接着是以袁世凯为首的北洋军阀时期，河南作为袁世凯的故乡，是北洋军阀严密控制之地。又因河南的战略地位，直、皖、奉等大小军阀连年在此角逐，兵火所及，村寨变废墟，农田变荒芜。20世纪30年代日军的入侵，使河南大部分地区成为沦陷区，这是一场更大浩劫，河南的经济发展和人们生产生活受到了极大的影响。

可以看出，中原文化的辉煌主要集中在古代。远古时期，以"三皇"为代表的三大中原文化原型初步形成。春秋战国时期，宋陈学派、郑卫文化和申吕文化形成。魏晋南北朝时期，中原文化得到了充分发展。在中原文化圈，郑卫之地乃夏文化的发源地，安阳为商文化的中心地带，它是六朝古都。洛阳处"天地之中"，为"九朝名都"，形成了著名的河洛文化。开封为七朝都会，是宋代理学的一个重要中心，中原文化内不同文化区的形成，表明文化中心在宋代以前，大多在中原地区围绕"洛阳—西安"这一文化中轴线徘徊，北宋则变为"洛阳—开封"。

三　中原文化传播概况

河南历史源远流长，拥有完整的文化谱系，历经几千年的传承，在政治、经济、思想、科学技术、文化艺术等方面都留下了丰富的文化产品和文化旅游资源。河南文化作为中原文化的集大成者，凝聚了中华文化最精粹的部分。本研究基于学者张春香研究成果《河南文化旅游资源分类及其优势分析》[①]，将中原文化构成进行分类（见表0-1）。

表0-1　中原文化构成分类

文化类型		文化载体
主型	亚类	
历史文化	祖根文化	二里头遗址、黄帝故里拜祖大典等
	古都文化	开封、洛阳、安阳等国家级历史文化名城
	帝王文化	太昊伏羲陵寝、轩辕黄帝故里、天子驾六等
	名士文化	黄帝、老子、庄子、玄奘、程颐、程颢等
	书院文化	嵩阳书院、应天书院等
	史前文化	仰韶文化、贾湖遗址骨笛等
	文字文化	殷墟甲骨文等
科技文化		后母戊鼎（青铜冶铸技术）、唐三彩（陶器制作工艺）、地动仪、四大发明等
宗教文化	佛教文化	白马寺、龙门石窟、嵩山少林寺、嵩岳寺等
	道教文化	王屋山、中岳庙、老君山、桐柏山、北邙山等
	伊斯兰文化	郑州北大寺、开封东大寺、朱仙镇北大寺等
红色文化	红旗渠精神	红旗渠纪念馆等
	大别山精神	鄂豫皖革命纪念馆等
	焦裕禄精神	焦裕禄陵园等
	南水北调精神	南水北调渠首等
	革命精神	杨靖宇将军纪念馆、镇平彭雪枫纪念馆、吉鸿昌将军纪念馆等

---

① 张春香：《河南文化旅游资源分类及其优势分析》，《中州学刊》2018年第6期。

文化类型		文化载体
主型	亚类	
建筑园林文化		康百万庄园、少林寺塔林、开封铁塔、开封宋都御街、禹王台等
饮食文化		洛阳水席、鲤鱼焙面、怀府养生宴等
民俗文化		太昊陵庙会、浚县古庙会、马街书会、洛阳牡丹花会；汴绣、朱仙镇木版年画、南阳玉雕、濮阳杂技等
武术文化		少林武术、太极功夫、中国·焦作国际太极拳交流大赛、《禅宗少林·音乐大典》等
农耕文化		裴李岗遗址、伏羲、炎帝等
戏曲文化		豫剧、越调、曲剧三大剧种，大平调、怀梆、道情等

　　媒介是人们了解外部信息的重要渠道。媒介技术的发展和社交应用的普及，使得通过社交媒体进行信息获取、人际交往互动、日常生活分享成为常态。知乎是国内最活跃的网络问答社区之一。知乎中的信息多以"提问和回答"的形式构成，用户围绕某一问题进行解答或补充，议题具有集中性、针对性；且在各领域都有众多具有权威性、专业性的草根意见领袖，有"民间智库"一称；知乎中也长期存在关于"河南文化""河南形象""河南旅游"等议题的讨论。对知乎中相关文本进行分析，可以从较为专业、理性、系统化的视角感知河南文化传播特点，但也存在信息过于抽象、宏观和议题单一等缺陷，因此选择携程旅游官网也作"携程旅游""携程官网"的游记作为补充。根据专业网站排名网 Alexa 的数据，携程旅游在国内几大旅游网站中流量居于首位，用户活跃度较高。携程官网设有的游记、问答、攻略等互动交流板块，可作为研究的文本来源。

　　基于此，两者都以文本形式记录了公众对于河南文化的认知、感受与评价，是人们了解河南文化的重要渠道，本研究将网络问答社区知乎以及携程旅游官网作为样本来源。所搜集的样本根据中原文化构成分类（见表0-1）进行筛选，即文本必须是公众对河南文化的相关表达。在知乎中以"河南"为关键词进行搜索，选取其中发布时间在 2017 年之后且点赞量超过 50 个的回答作为研究样本，共搜索到相关问题 54 个、相关讨论 417 条；在携程旅游官网的游记模块以"河南"为关键词进行搜索，在官方推荐游记中进行筛选，样本须满足发布时间在 2017 年之后且字数不少于 500 字的需求，并剔除旅游小贴士、自然风光、景点介绍等无关内容，最终得到符合要求的样本 89 篇。

通过对样本中高频词组进行提炼，我们可以直观看出其所反映事物的主要特征。使用 ROST CM 6 对样本进行分词和词频分析，并剔除"位于""河南"等对认识公众感知无效的词语，得出整体样本中排名前 1000 名的高频词。结合前文的中原文化构成分类对高频词进行人工筛选、标记，对历史文化、科技文化、宗教文化等 10 种主要文化进行描述（见表 0-2）。

根据分析结果，在历史文化方面，河南古都文化最为突出，在河南省 8 个国家级历史文化名城中，拥有十三朝古都身份及白马寺、龙门石窟、关林庙等著名文化遗产的洛阳（633 次）出现频次远高于其他，其次是以大宋文化为代表的开封（343 次）。与古都文化相对应的文物（65 次）、清明（72 次）、古城（59 次）、宋朝（45 次）等词语排名普遍靠前，也反映出古都文化作为河南历史文化重要组成在公众认知中的突出地位。文字（39 次）、甲骨文（34 次）等所反映的文字文化出现频率也较高。而与"故居"（32 次）所联系的名士文化，与书院（25 次）所联系的书院文化，与姓氏（19 次）、二里头（15 次）所联系的根祖文化，与黄帝（18次）所联系的帝王文化，与仰韶（14 次）所联系的史前文化出现频率较低，公众感知度较弱。

宗教文化、饮食文化、民俗文化在公共感知中也较为显著，仅次于历史文化。在宗教文化中，被誉为禅宗祖庭的少林寺（217 次）、世界文化遗产龙门石窟（187 次）、中国第一个官办的佛教寺庙白马寺（53 次）等代表的佛教文化出现频次极高；而老子（66 次）、老君山（49 次）、道教（18 次）、王屋山（12 次）等代表的道教文化出现频次远低于佛教文化。此外，美食（107 次）、味道（96 次）、小吃（88 次）、好吃（78 次）、烩面（77 次）、牛肉面（57 次）等词语高频次出现，也说明了河南饮食文化在公众认知中的突出地位。在民俗文化中，以牡丹（124 次）和年画（97次）为突出代表。

此外，从高频词来看，在公众的认知中，武术文化以太极（61 次）、功夫（33 次）为代表，红色文化以红旗渠（54 次）为代表，建筑园林文化以鼓楼（30次）、塔林（27次）、铁塔（25次）为代表，科技文化以青铜（40次）、钧瓷（23次）为代表。而农耕文化、戏曲文化出现频率极低，公众感知度较弱。

表0-2　样本中反映中原文化的高频词

单位：次

文化类型	高频词
历史文化	洛阳（633）、开封（343）、中华（86）、清明（72）、文物（65）、古城（59）、北宋（57）、殷墟（49）、安阳（46）、宋朝（45）、太行山（43）、文字（39）、甲骨文（34）、故居（32）、古墓（30）、考古（28）、东周（28）、隋唐（26）、书院（25）、都城（25）、姓氏（19）、黄帝（18）、二里头（15）、仰韶（14）
科技文化	青铜（40）、钧瓷（23）、窑洞（21）、贾湖骨笛（16）、发明（9）、工艺（9）、工具（9）、唐三彩（8）
宗教文化	少林寺（217）、龙门石窟（187）、佛教（85）、老子（66）、白马寺（53）、老君山（49）、佛像（45）、大佛（30）、寺院（24）、禅宗（24）、道教（18）、宗师（14）、高僧（12）、王屋山（12）、白云山（12）、佛龛（6）、古刹（6）
红色文化	红旗渠（54）、山陕甘会馆（14）、大别山（13）
建筑园林文化	建筑（49）、鼓楼（30）、塔林（27）、铁塔（25）、建筑群（30）、庄园（17）、古建筑（15）、园林（14）、禹王台（8）
饮食文化	美食（107）、味道（96）、小吃（88）、好吃（78）、烩面（77）、牛肉面（57）、饮食（37）、夜市（30）、面条（27）、口感（25）、拉面（24）、菜系（16）、山药（13）、名菜（13）
民俗文化	牡丹（124）、年画（97）、大型（38）、表演（34）、民俗（27）、菊花（14）、牡丹园（12）、庙会（9）、牡丹节（7）、大典（7）、典雅（7）
武术文化	太极（61）、功夫（33）、陈家沟（25）、武术（15）
农耕文化	神农山（33）、耕地（12）、贾湖（9）
戏曲文化	豫剧（4）、戏曲（3）

由于部分高频词指向性不明，无法判断具体联系的文化类型，将高频词进行同义词、替换词合并等处理后，分别得到知乎及携程旅游官网文本中排名前二十的高频词（见表0-3），以对河南文化整体认知进行分析。根据词频分析结果，洛阳、开封在两个平台上出现的频次都远高于其他城市，省会郑州在知乎用户中讨论热度较高，开封、焦作等是携程用户旅行的热门城市；公众对于河南历史文化及其地位的总体认知反映在中国/全国、文化、历史、文明、古都、遗址、中心、中华等高频词上；公众对河

南文化的具体认知集中在博物馆、龙门石窟、少林寺、建筑、年画、黄河、嵩山、烩面、佛教、牡丹、传说、牛肉面等上。

表0-3　样本中出现频次排名前二十高频词

单位：次

知乎			携程旅游官网		
排序	高频词	频次	排序	高频词	频次
1	中国	419	1	洛阳	218
2	洛阳	415	2	全国	195
3	文化	206	3	文化	153
4	开封	193	4	开封	150
5	历史	192	5	少林寺	148
6	博物馆	151	6	国家	131
7	龙门石窟	109	7	历史	130
8	中原	108	8	博物馆	110
9	郑州	105	9	建筑	106
10	遗址	89	10	年画	97
11	黄河	81	11	嵩山	86
12	文明	80	12	焦作	83
13	少林寺	69	13	龙门石窟	78
14	烩面	68	14	佛教	78
15	古都	67	15	黄河	71
16	中心	63	16	美食	70
17	发展	62	17	文物	65
18	味道	62	18	牡丹	63
19	中华	59	19	传说	62
20	北宋	57	20	牛肉面	57

　　对高频词进行描述可以在一定程度上反映事物特征，但对于词语之间的意义联系及文本的深层结构关系描述不足，因此需要对文本进行深入分析。本书在进行分析后得到样本整体的语义网络图（见图0-1），每一个节点代表一个高频词，带有箭头指向的弧代表词与词之间的共现关系。

"共现"一词指的是有关两事物的描述在同一样本中出现的现象①。以节点"历史"为例,从"历史"出发的弧,分别指向"中国""文化""文物""古都"等节点,它表示了在包含"历史"的文本中,同时出现了"中国""文化""文物""古都"等词语,体现了"历史"与这些词语的意义联系与逻辑关系。

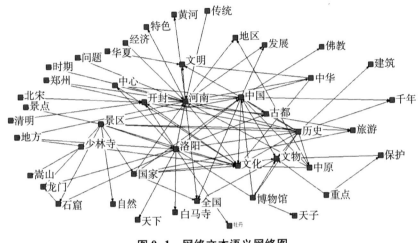

图 0-1　网络文本语义网络图

在语义网络图中,某个节点被指向的次数越多,说明该节点的核心位置越突出。从语义结构来看,大致呈现 3 个圈层:第一圈层为处于最内层的核心圈,由"河南""中国""历史""古都""文化""开封""洛阳"构成,这些词组反映了公众对于河南文化形象感知的最主要特质;第二圈层为次核心圈,由"文物""博物馆""景区""中心""中原""文明"等构成,是对核心圈层的进一步感知;第三圈层是外围圈,由"建筑""传统""特色""佛教""嵩山"等构成,进一步丰富了核心圈层。

公众对于中原文化的感知形象还体现在文本的情感倾向中,正面的、积极的情感往往暗含更高的满意度和口碑。使用 ROST CM 6 中的情感倾向分析工具能够对文本进行情感计算,判断其正面、中立或负面的情绪倾向。通过正、负值来表示积极或消极情绪,并将情感值进行分段来定义情绪

---

① 姚占雷等:《网络游记中的景区共现现象分析——以华东地区首批国家 5A 级旅游景区为例》,《旅游科学》2011 年第 25 期。

的程度，情感值分布为（-10，+10）定义为一般，［-20，-10］和［+10，+20］定义为中度，（-∞，-20）和（+20，+∞）定义为高度，其中情感值为0的情绪被定义为中性情绪。一般来说，被测文本中出现的情感词正值越大、正向情感词出现次数越多，该文本越能表达积极、正面的情绪。

使用 ROST CM 6 对整体文本所包含的情感词以及词的情感值进行分析、计算后，得到了公众对中原文化感知情感分析结构图（见表0-4），由此可以大致感知公众对于中原文化形象的正负面评价、态度。从分析结果来看，对于中原文化持积极情绪的公众占比最高，为64.45%，如"16后母戊鼎的纹饰十分精美，不愧是中国青铜器文化中的瑰宝啊"；中性情绪次之，占比为24.16%；消极情绪占比最低，为11.39%，如"-13 龙门石窟从修建后就一直遭到不同程度的损坏，有的地方因为自然风化损毁比较严重"。在情感强度的分段统计中，一般程度在积极、消极情绪中占主导。

表0-4　中原文化感知情感分析结构图

情绪类型	频数（次）	占比（%）	分段统计（分）	频数（次）	占比（%）
积极情绪	2417	64.45	一般（0—10）	1893	50.48
			中度（10—20）	384	10.24
			高度（20以上）	140	3.73
中性情绪	906	24.16	0	906	24.16
消极情绪	427	11.39	一般（-10—0）	374	9.97
			中度（-20—-10）	41	1.09
			高度（-20以下）	12	0.32

此外，对正负面情感结果中所提取的情感词进行词频分析，进一步明确公众对于河南文化（或中原文化）形象的正负面感知。从情感高频词表（见表0-5）来看，"特色""好吃""著名"是主要的三个正面情感词，特色建筑、特色景观、特色小吃等具有河南特色的文化符号受到公众的青睐；"好吃"与样本整体高频词"烩面""味道""美食""牛肉面"相契合，说明河南饮食文化是公众认知的重要组成；结合样本整体高频词来看，少林寺、龙门石窟等知名度高的文化符号更能代表河南文化。对于河南

文化的负面评价较少，但"破旧""衰落""忽略""损毁"等负面情感词在一定程度上反映了河南在基础设施建设、文化遗产保护等方面存在问题。

表 0-5　正负面情感高频词表

单位：次

正面						负面		
序号	词语	频数	序号	词语	频数	序号	词语	频数
1	特色	112	6	有名	40	1	破旧	16
2	好吃	78	7	开放	40	2	衰落	10
3	著名	74	8	悠久	31	3	忽略	9
4	方便	47	9	精美	21	4	损毁	9
5	最好	45	10	魅力	20	5	比不上	8

此外，在知乎搜集的 54 个与河南文化相关问题中，有大量诸如"为什么河南历史文化底蕴深厚、旅游业发展给人的感觉却不如南方省份发展那么火热？""河南有古老的文化，存在过大量的古都，曾经的政治、文化中心，为什么口碑这么差？""为什么河南饮食走不出去？""怎么看待作为中华文化发源地的河南衰落成现在这个样子？"的表述，从中不难看出公众虽对于河南文化底蕴厚重、历史悠久较为认同，但对于这些文化资源的发展现状评价并不高。

综上所述，中华文明发源地、历史文化悠久、文化遗产丰富是公众对中原文化的普遍描述。高知名度的文化符号成为中原文化的主要代表。在历史文化构成中，古都文化极为突出，以洛阳、开封两个国家级历史文化名城为代表，分布在洛阳和开封的文化遗产受到公众的关注，如洛阳的龙门石窟和白马寺、开封的清明上河园成为游客选择的热门目的地，与之关联的佛教文化、大宋文化等因此繁荣。以烩面、洛阳水席、怀府养生宴、鲤鱼焙面等特色食物为代表的饮食文化，以洛阳牡丹和朱仙镇木版年画为代表的民俗文化在公众认知中也较为显著。武术文化、红色文化、科技文化等的公众感知度较弱。

在情感倾向方面，公众对于中原文化形象的评价中积极情绪占比最高，但以一般积极情绪为主，占比高达 50.48%，高度积极情绪仅占 3.73%，说明河南省在发掘文化遗产价值和内涵方面还有不足，未能充分发挥文化魅力，公众对于中原文化的满意度还有待提高。具有河南特色的文化符号，如龙门石窟、塔林等特色建筑以及烩面等特色饮食受到公众的青睐和好评。此外，河南在基础设施建设、文化遗产保护及宣传推广等方面存在问题。

总体来看，公众对于中原文化形象的感知可描述为，历史文化源远流长、文物古迹众多，历史文化（以古都文化最为突出）、宗教文化、饮食文化、民俗文化在公众感知中较为显著。

第一章　短视频与中原戏曲文化传播

本章关注中原文化分支戏曲文化。戏曲作为中华民族优秀的文化遗产，作为文化传播的重要载体，在不同历史时期被赋予了不同的文化意义与价值。透过历史长河窥探中原戏曲文化的发展脉络，我们发现在新媒体时代，中原戏曲文化尽管面临诸多困境与挑战，但借助抖音、快手、微博、微信等新媒介平台，被添加了很多现代艺术元素，尤其是短视频平台的兴起，改变了戏曲传统的呈现形式，使其能够在"快餐式"的当下实现创新性呈现、创造性转化：活跃于田间乡下的"民间剧场"通过短视频被更多人看到，远近闻名；退休"宅"在家的戏曲老艺人通过短视频"重操旧业"，获得人生价值；"名不见经传"的戏曲学徒通过短视频找到自身定位，努力放飞梦想。

戏曲是戏剧艺术中的一种类型，是随着历史发展不断演化传承而来的，主要包括民间歌舞、说唱和滑稽戏三种文化形式，具有中华优秀的艺术文化元素。作为一种艺术文化形态，戏曲融合了音乐、表演、舞蹈、剧情以及方言等多种形式，集视觉、听觉于一体，具有很强的视觉震撼力，给人带来一定审美体验。在如今世界各国沟通、交流、联系日益紧密的背景下，文化呈现多极化趋势，但外来文化的入侵现象日益显著，国内对外来文化的认同危机加剧，发展、弘扬和传承本民族的特色文化是目前面临的重要问题，而戏曲文化作为本民族特色的传统文化，理应受到更多的关注和重视。

中国戏曲是由原始歌舞发展演变而来的，是一种历史悠久的综合舞台艺术样式，经过汉、唐到宋、金才形成比较完整的戏曲艺术，由文学、音乐、舞蹈、美术、武术、杂技以及表演艺术综合而成，有360多个种类。

中国戏曲的特点是将各种艺术形式汇聚在一起进行呈现，在呈现的过程中不同艺术形式之间既可以相互补充从而促进戏曲艺术的完整和完美呈现，又可以在表演中彰显不同艺术形式所特有的魅力。中国戏曲与希腊悲剧和喜剧、印度梵剧并称为世界三大古老的戏剧文化①，而中国戏曲在中华悠久文化的影响下，经过不断的变化与发展，逐步形成了以五大戏曲剧种为核心的中华戏曲百花苑。这五大戏曲剧种是指越剧、评剧、京剧、黄梅戏和豫剧。

除了蓬勃发展的中国五大戏曲剧种外，各民族、各地区的戏曲剧种也百花齐放、百家争鸣，在历史的长流中历久弥新，成为中华民族优秀传统文化中不可或缺的珍宝。根据林芳芳的考证："纯粹意义上的戏曲起源于河南，形成于河南，兴盛于河南。"② 中原是培育戏曲的摇篮，其厚重的历史底蕴和悠久的文化传统为戏曲的发展提供了良好的环境：别样的地域特色、有趣的方言文化、丰富的民俗文化等为戏曲艺术的融合发展提供了更大的空间。可以说，河南人民把日常生活、文化和实践注入戏曲表演，成就了戏曲的发展，而戏曲也通过不断演化丰富着河南人民的精神生活，记录着河南的风俗文化。

中原戏曲作为中国戏曲的重要组成部分，其发展自然也是十分漫长的。在戏曲真正形成之前，博大精深的中原文化可以说为戏曲的形成奠定了坚实的基础：盘古开天、神农尝百草的神话故事为戏曲向叙事视角③发展指明了方向；从贾湖骨笛到陶鼓，从铜铃、编钟到琴瑟乐舞，这些不断出土的河南古代音乐文物诉说着戏曲中音乐元素的前世今生。总之，中原戏曲的生成离不开中原文化这一方沃土的滋养。

汉代是中原戏曲发展的关键时期，《东海黄公》的出现打开了中原戏曲尘封已久的大门，它使得戏曲表演第一次拥有完整的故事情节，第一次具备完整的表演形式。到了北魏时期，百戏的演出形式由集中发展到分散、由宫廷发展到民间、由官方组织发展到自由表演④，并且开始在寺庙

---

① 陈佳楠：《浅谈中国戏曲魅力与传承》，《戏剧之家》2022 年第 4 期。
② 林芳芳：《探究河南戏曲文化传播动力和实现途径》，《戏剧文学》2017 年第 11 期。
③ 李建华：《论〈木兰从军〉的叙事结构》，《音乐创作》2014 年第 10 期。
④ 李莉：《市场经济下河南戏曲产业化发展的几点思考》，《戏剧之家》2015 年第 21 期。

中进行演出，而人们则可以自由选择观看。到了隋代，百戏演出既呈现大规模化和集体性，即分散各地的演出聚集于一地，也呈现扩散性，即戏曲文化对外输出现象日益显著，地方戏曲可以传播到各地进行演出表演。到了清代，越调、卷戏、罗戏、大弦戏、女儿腔等成为民间演出的主要剧种，到了清末，中原戏曲则迎来了全面兴盛时期，戏曲也朝着更加个性化和多样化的方向发展，这时期可谓是名家辈出，戏曲及戏曲艺人深受观众喜爱。除了本土戏曲的茁壮成长外，一些其他地区的戏曲剧种，如秦腔、上党梆子等也被中原文化所吸引，逐渐成为中原戏曲文化的组成部分。再后来，随着地方戏曲的不断发展以及剧种之间的竞争日益激烈，越调、大弦戏、大平调、河南梆子这几个剧种的受众越来越多、可见度越来越高，逐渐成为中原戏曲中的代表剧种。

中原戏曲剧种丰富、种类繁多。豫剧、越调、曲剧被称为中原戏曲三大剧种，是河南省具有代表性的剧种。豫剧，发源于河南开封，是中国五大戏曲剧种之一、中国第一大地方剧种、国家级非物质文化遗产，在早期河南梆子的基础上不断改革创新发展而来，豫剧曾多次走出国门①，被西方人称赞为"东方咏叹调"，代表作有《打金枝》《对花枪》《祥林嫂》等，是河南人民乃至全国人民都家喻户晓的著名戏曲；河南越调，原称四股弦，因其主要伴奏乐器是象鼻四弦而得名，是个古老的戏曲剧种，内容主要包括帝王将相和普通民间见闻两类，代表作有《打銮驾》《青龙山》等，目前越调招生较为困难，面临失传的困境②；曲剧，又名河南曲子戏、高台曲，起源于河南汝州，2006 年入选河南省首批非物质文化遗产名录，多是反映家庭生活及爱情的内容，因简单易学、表演接近生活，传播极快，代表作有《丹水颂》《李豁子离婚》。《中国曲艺志·河南卷》和《中国曲艺音乐集成·河南卷》统计，中原戏曲包括河南坠子、大调曲子、河洛大鼓、三弦书、洪山调等50多个本地曲种，这些曲种大致分为牌子曲类（坐唱）、锣鼓曲类（走唱）、弦子书类（站唱）、鼓板书类（站唱）、板诵散说类（站说）5 类，各有自身风格特色。在历史和文化的演化变迁过程

---

① 马安平：《新媒体时代豫剧文化传承的思考》，《四川戏剧》2020 年第 8 期。
② 成军：《越调研究的现状与展望》，《中国戏剧》2012 年第 4 期。

中，一些曲种如三弦书、河南坠子等逐渐发展成全省性的代表性曲种，而也有一些曲种受到区域风俗、语言条件等的影响，越来越具有地区特色，逐渐成为地方性显著的地方曲种，如灵宝道情、永城大铙、永城清音、颖河大鼓、固始灶书等曲种①。无论是全省性的代表性曲种，还是地方性的特色曲种，都是在时间的打磨中沉淀积累下来的人类宝贵的精神财富。

中原戏曲剧目多样、情节生动。艺术来源于生活，戏曲剧目中的故事情节大多根据身边流传或者发生的故事进行改编创作而成：豫剧《花木兰》《穆桂英挂帅》根植于耳熟能详的经典历史故事；豫剧《朝阳沟》根植于知识青年参加农业生产劳动的思想变化，是具有鲜明价值导向的现代题材戏曲；越剧《韩非子》塑造了刻有时代烙印的韩非子的丰满复杂的人物形象，书写了一曲荡气回肠的旷世悲歌；曲剧《龟山奇案》通过母女二人悲惨遭遇的描绘，唱出了"骨肉情虽重，国法大如天"的正气之歌；豫剧《梨园风流》通过对梨园姐妹爱恨情仇的刻画，辅以曲折跌宕的故事情节勾勒出一幅古代中国市井生活画卷。这些戏曲内容丰富多样、剧情起伏回转、思想内涵耐人寻味，能满足不同喜好的戏迷们的需求。通过对中原戏曲与中原文化的深层次解读不难发现，这些戏曲剧目大多依托于中原文化，而中原由于长期处于封建社会，更多呈现的是儒家经典文化、注重道德伦理的文化形态，这也就不难理解从戏曲中流露的大多是忠君爱国、惩恶扬善的价值取向。

中原戏曲文化博大精深、源远流长，经过一代又一代的传承和发展，无数珍贵又极具价值的经典戏曲作品被创作和保留了下来，成为值得后人反复欣赏的名篇佳作，这些戏曲作品所携带的艺术文化基因承载着河南地区的风俗习惯和河南人民的精神面貌，传递着向上向善的价值取向，体现了中原文化和中华文化的深厚底蕴，同时是中国人民劳动和智慧的结晶。这些作品就像是我国的四大名著，不会随着时间的流逝而被人们忘记，将会一直流传下去。

学界对于中原戏曲文化的相关研究大多集中在以下几个方面。李艳辉对新媒体背景下戏曲艺术在微信公众号、戏曲短视频、戏曲 App 上的创新

---

① 杨冬梅：《河南传统戏曲文化传承与保护对策研究》，《艺术品鉴》2018 年第 24 期。

传播进行研究①。马玲玲从非物质文化遗产的创新发展角度，关注中原戏曲文化的传承问题②。中原戏曲剧种中有多达 87 种入选省级非物质文化遗产，更有 29 种被列为国家级非物质文化遗产代表性项目，豫剧、大平调、越调等剧种更成为国家对外讲好中国故事、传递好中国声音的重要文化载体。冯佳男、扈毅娟和潘迪等学者关注到中原戏曲在二胡作品中的运用以及对二胡艺术带来的影响③。余璐和杨奕坤从音乐角度考察中原戏曲的传承和发展④。郜珂欣、杨雪和蒋艳等学者考察中原戏曲电影的发展和文化传承⑤。也有一部分学者将中原戏曲与文化遗产、本地高校思想教育融合问题进行研究。⑥

　　学者们对中原戏曲所关注的角度丰富，但从短视频角度着重探究中原戏曲文化的相关研究比较少，因此，本研究具有一定的创新性。借助短视频平台，中原戏曲文化以多种全新的形式呈现并不断发展。河南作为"戏曲之乡"，作为公认的"戏曲大省"，站在短视频的风口，借助短视频所进行的一系列的创新性传播是具有很大研究价值的。因此，本章从中国戏曲文化切入，深入探究中原戏曲文化，了解中原戏曲文化发展现状，并以抖音短视频为例，分析短视频时代中原戏曲文化的传播特点、传播创新、传播中存在的问题以及相关改进策略，以期为未来中原戏曲文化更好地在抖音平台传播提供思路，为中国戏曲文化与短视频平台结合提供借鉴。

---

① 李艳辉：《新媒体背景下戏曲艺术传播传承路径研究》，《文教资料》2021 年第 10 期。
② 马玲玲：《河南戏曲类非物质文化遗产的创新发展路径研究》，《黄河·黄土·黄种人》2022 年第 7 期。
③ 冯佳男：《河南地方戏曲文化在二胡作品中的运用与体现——以〈河南小曲〉为例》，《艺术大观》2021 年第 21 期；扈毅娟：《论河南戏曲音乐对二胡艺术的影响》，《艺术品鉴》2019 年第 32 期；潘迪：《中国当代二胡作品中河南戏曲的运用》，硕士学位论文，西安音乐学院，2019。
④ 余璐：《论河南戏曲音乐的特点及变革》，《河南教育（高教）》2019 年第 2 期；杨奕坤：《浅谈河南戏曲音乐对二胡艺术的影响》，《戏剧之家》2017 年第 18 期。
⑤ 郜珂欣：《河南戏曲电影中旦角形象的特征研究》，《中国民族博览》2021 年第 7 期；杨雪：《河南戏曲电影发展脉络研究》，硕士学位论文，河南大学，2019；蒋艳：《传统艺术的现代表述——河南戏曲电影的文化诉求》，《商丘职业技术学院学报》2019 年第 3 期。
⑥ 姬学友：《鲁迅的文学遗产与河南戏曲》，《鲁迅研究月刊》2021 年第 11 期；徐延民、杜娟：《河南戏曲文化与本地高校思政教育的融合问题研究》，《漯河职业技术学院学报》2021 年第 4 期。

第一节　中原戏曲文化发展现状

一　中原戏曲文化发展存在的问题

（一）中原戏曲发展不均衡

中原戏曲剧种丰富、各具特色，不同剧种有着属于自己的一套完整的艺术表演体系和固定的受众群体，散发着独特的文化魅力，但不同剧种之间存在发展不均衡的现象。豫剧、越调、曲剧等三大中原戏曲剧种有着经验丰富的表演团队和牢固的粉丝群体，是中原戏曲文化发展的中坚力量，不仅在河南省内有很大的名气，在全国也有一定的知名度。豫剧在河南省、北京市、天津市等我国多个地方设有豫剧团，还经常走出国门，在国际传播中传递中国戏曲文化。可以说这些具有代表性的大剧种未来前景广阔、发展势头迅猛，在传承和发展中应受到格外重视。

但是，一些地方小剧种，比如眉户剧种、王屋琴书等，知名度很低，大多在其发源地范围内流传，不仅传播范围较窄、观众较少，而且演员、剧目等都远不及大剧种，以至于很难做到创新，在大剧种蓬勃发展的今天，这些小剧种面临失传的风险①。

（二）中原戏曲现代化不足

以往中原戏曲的取材大多源于历史故事和神话传说，有种历史的厚重感和神秘感。在信息传播不是很发达的时期，观众对戏曲充满着求知欲，因此戏曲也有一定的受众市场。但如今，互联网高速发展，倘若戏曲内容依旧难以摆脱惯例，主题难以摆脱固化的思路，将很难满足当下的受众需求。《花木兰》《穆桂英挂帅》《收姜维》等历代经典戏曲名作，一直到今天都是戏曲界反复吟唱流传的佳作，但经典佳作倘若只是靠经典去流传，难以吸引青年受众，甚至一些老年人也会对这些重复出现的剧情感到"疲劳"。

时代在进步，观众的审美情趣自然也在与时俱进，戏曲如果只是继承经典而不加以创新，那会很难在当代吸引受众、焕发生机；另外，在舞台

---

① 周秀梅：《非物质文化背景下的濒危剧种的研究与保护》，《戏剧文学》2015年第6期。

表现和设计方面,一些戏曲表演依然沿袭传统的演出形式,采用传统的舞台装扮和设计表演,这与当下盛行的 VR、AR 等技术带来的舞台相比,显然逊色不少。戏曲倘若不能与现代化技术创新性融合,这在当下显然不能给受众带来"视觉盛宴"和美的享受,在注意力资源紧缺的今天,注定要有受众流失。

(三) 中原戏曲受众老龄化

戏曲作为河南的重要文化符号,一度带领中原文化走向灿烂辉煌。作为曾经无数家庭茶余饭后的重要娱乐项目,中原戏曲随着电视、广播等传统媒介的式微逐渐降温。互联网给人们带来了全新的生活方式,一家人围着电视机的场景逐渐被围着各自的智能手机取代,新的生活方式势必会影响人们新的娱乐需求。家庭里有威望的老年人的兴趣爱好,必然不会被忽视,所以以往家庭电视机里播放的大多是豫剧等戏曲节目,不管是老者还是儿童,都在潜移默化中对中原戏曲有所了解、关注和产生兴趣。

如今智能手机能够满足每个人的个性化需求,戏曲依然是这些老年人的日常娱乐方式,受众却显著两极分化。有人曾用"老戏老演老观众"来形容中原戏曲艺术的现状,其实不止中原戏曲,所有戏曲都面临这样的困境。随着新媒体的兴起和生活节奏的加快,年轻人更愿意选择新的娱乐方式,去接受最简单粗暴的刺激,而戏曲显然不是快餐式的消费品,它所蕴含的文化底蕴更需要人生阅历和深厚的文化素养去感悟,这也使得年轻人"听不懂"戏曲,戏曲受众老龄化现象严重。

(四) 戏曲动画观看体验欠佳

河南省悠久的文化资源和庞大的人口优势,使得动漫产业在河南的发展前景广阔,市场潜力巨大。2007 年,随着《梨园春》节目的火爆,河南推出梨园春系列戏曲动画,深受广大观众喜爱,尤其受到了年轻群体的关注,此次戏曲动画的成功推出可以说为接下来戏曲的改革发展和戏曲文化的传播探索出了一条新的道路[1]。2009 年,《中国戏曲经典原创动画》的推出,让河南著名戏曲剧目《朝阳沟》《抬花轿》等以生动的动画形式出

---

① 王磊:《基于 MG 动画技术下的河南戏曲动画的表现方式研究》,《今古文创》2020 年第 46 期。

现在人们面前，这极大推动了中原戏曲文化面向年轻受众的进程。

戏曲动画发展至今仍存在一些问题。首先，戏曲作为视觉和听觉相结合的艺术，就要求其在视觉上把握人物的一颦一笑，听觉上带来完整的故事体验。而当前动画很难还原戏曲演员的真实动作神态，甚至一些角色的表情过于模式化。配音和动画画面很难达到完美的衔接，减弱了观看体验。其次，在舞台场景方面，戏曲表演注重场景的美感，塑造中国山水画般的意境美，而动画因为技术等的限制很难营造出这种写意的美感。总之，动画给了戏曲向年轻人展示自己的机会，但戏曲动画未来还有很长的路要走，其发展前景也是十分光明的。

二　中原戏曲文化传承面临的困境

中原戏曲的传承主要分为两种：一种是物质性传承，即服装、道具等演出装扮的传承，这种物质性传承是较为简单的；另一种是非物质性传承，即对唱戏、表演等技艺的传承①，需要师父的口传心授和徒弟的拜师学艺。两者代代相传，这种非物质性传承可以上升到对非物质文化遗产的传承。在当代，中原戏曲技艺的非物质性传承和发展面临诸多困境和挑战。

（一）戏曲传播者方面

所谓戏曲传播者，也就是戏曲老艺人，他们有着厉害的唱腔和丰富的舞台表演经验，德高望重，对戏曲技艺有着独到的理解和精益求精的态度。但是，这些老艺人大多年纪较大，精力、体力和嗓子都不如从前，他们的技艺亟须传承，否则一些地方稀有剧种面临失传的风险。比如太康道情戏，曾经兴盛一时，如今却举步维艰。但受戏曲观众年龄愈发"两极化"、一些地方戏曲愈发"小众化"以及戏曲老艺人自身身体条件等的限制，要么很难招到愿意学习戏曲的徒弟，要么招到了徒弟也很难像以往那样进行全方位的训练和学习。这就使得戏曲传承中断或者传承失真，徒弟难以学到师父的真正本领，师父也难以将自己的毕生绝学传承给徒弟。

（二）戏曲受传者方面

所谓戏曲受传者，也就是向师父学习戏曲的徒弟。对于戏曲的传承学

---

① 李莉：《市场经济下河南戏曲产业化发展的几点思考》，《戏剧之家》2015 年第 21 期。

习主要依靠两个方面，一个是天赋，另一个是努力。有天赋自然是极好的，有一个好嗓子再加上后天的努力就能很快出师，登上舞台唱戏；而实际上，有天赋的人是少数，大多是对戏曲怀揣着热爱的普通人，他们带着热爱和梦想前来拜师学艺。仅仅有热爱和梦想是不够的，努力很重要。我国著名的京剧表演艺术家梅兰芳在童年时代不出众，被质疑没有学戏的天赋，早期学艺的梅兰芳每天练习腰马、身段、唱腔等，吃了很多苦才真正登上舞台。世界上从来没有什么天才，天赋更多的时候只是显得比 99% 的努力更加耀眼罢了。戏曲学习的中青代当逐渐承担起戏曲传承和学习的使命时，勤能补拙，努力和刻苦尤为重要，但在物质生活充裕的今天，有很多人难以忍受日复一日的苦练，容易半途而废。

（三）戏曲传承关系上

在戏曲的传承过程中，戏曲传播者和戏曲受传者，即师父和徒弟之间的默契是十分重要的。但由于新老传承者之间存在一定的年龄代沟，不同时期接受的教育不同，双方的价值取向不同，师父较为看重对"艺"的传承，而徒弟则较为看重对"技"的学习，很难维持传统的传承学习模式。徒弟学习兴趣的多变和外界复杂的诱惑，很难让其沉下心来潜心钻研；师父教学参与的缺失，很难使人才培养步入正轨[1]，徒弟难以学到师父的真正本领和技艺，这样培养出来的人才很难登上舞台。古人重在尊师重道，当下创新传承过程和传承关系对戏曲的继承和发展也是十分重要的。

三　中原戏曲文化与媒介

（一）中原戏曲与电影的融合

戏曲与电影的融合是戏曲与媒介的第一次结合，可谓是打开了戏曲远距离对外传播的大门，此次结合让戏曲看到了媒介强有力的生命力，也让戏曲以新的姿态呈现在人们面前[2]。我国第一部戏曲电影是在京剧《定军山》的基础上拍摄而成的，此后，诞生了多部戏曲电影。河南作为戏曲大

---

① Song, Xiaoting, et al., "Keeping watch on intangible cultural heritage: Live transmission and sustainable development of chinese lacquer art," *Sustainability* 11 (2019), p. 3868.

② 唐乙之：《戏曲电影发展路径探析》，《四川戏剧》2019 年第 10 期。

省，自然也积极促进戏曲与电影的融合发展，如 1956 年豫剧《花木兰》、1958 年曲剧小戏《下乡和赶脚》、1958 年豫剧《穆桂英挂帅》、1959 年曲剧《陈三两》、1961 年 88 岁老艺人顾锡轩主演豫剧淮北梆子《寇准背靴》、1963 年豫剧《朝阳沟》、1965 年由豫剧《传家宝》改编的《传枪记》、1966 年曲剧《游乡》等。在那个媒介不发达的时代，戏曲电影成为人们茶余饭后新的娱乐方式，备受老百姓欢迎。这些具有时代烙印的戏曲电影总能唤起人们对那个时代戏曲的独有记忆。

（二）中原戏曲与广播的融合

在电视出现之前，除了面对面的信息传播，人们日常大多通过广播收听戏曲，这是以声音为载体来传播戏曲文化。不同的广播频道有不同的栏目设定，有的广播频道只是简单播放一些流行的戏曲节目的唱段，供听众欣赏；有的广播频道进行了改革创新，会有主持人进行讲解，推荐好的戏曲唱段，讲解戏曲故事发生的背景以及戏曲表演台前幕后的各种故事，拉近戏曲与受众的距离。除此之外，广播节目注重区域性，着重传播地方区域文化，比如中原戏曲广播的《大韵中原》主要以中原文化为依托，关注豫剧等河南优秀戏曲[①]。虽说广播实现了戏曲文化的远距离和即时传播，但由于受传者只能接收到声音，广播对于一些戏曲舞台的设计和人物神韵形象的刻画很难淋漓尽致地呈现给受众。因此，戏曲通过广播传递的效果是大打折扣的。

（三）中原戏曲与电视的融合

电视媒介的出现弥补了广播媒介无法进行视觉传播的缺陷，给观众带来了全新的观看体验，也为戏曲文化的传播带来了新的发展机遇。电视作为一种平民化媒介与戏曲文化传播的大众化是相契合的。另外，电视的日常化使用也让戏曲的传播能够触达更多观众。提到中原的戏曲文化不得不提到《梨园春》，《梨园春》作为河南卫视的王牌节目，1994 年正式开播，1999 年全面改版，不断创新戏曲类节目传播形式。舞台设计与现代技术完美融合，借助现代时尚科技在保留传统美学设计的同时，将美感展现得淋

---

① 秦姜：《戏曲广播的现状与发展策略》，《声屏世界》2009 年第 9 期。

漓尽致①。另外，在节目形式上，电视现场直播接入场外观众的热线电话，使观众实时参与节目互动，增强观众体验，真正摸索出一条现代电视和中原传统戏曲有机结合的道路，吸引了一大批喜爱戏曲的朋友，也为全国观众所熟知。但随着电视媒介的式微，《梨园春》的收视率大不如从前，受众也主要是一些老戏迷。可以说，戏曲文化在传统媒介终端很难吸引年轻群体。

（四）中原戏曲与短视频的融合

短视频的兴起和发展，给中原戏曲文化的传播带来了新的发展契机。与广播、电视等传统传播媒介相比，短视频作为新的媒介平台，改变了传统的传播方式，在时效性、互动性和内容的丰富性上给予了中原戏曲更大的传播空间，竖屏模式符合当下受众的阅读习惯，碎片化的阅读模式也给更多喜爱中原戏曲的受众提供了分享作品和观看视频的便利条件。在短视频平台上，有河南四平调、河南豫剧、河南曲剧等各种戏曲曲目的合集，有苏兰芳、党玉倩等名家的名段，也有一些戏曲名家如汪荃珍在抖音平台开通自己的官方账号，上传戏曲作品并与粉丝进行互动。短视频平台另一个重要的功能就是直播，除了我们经常见到的带货直播和游戏直播，戏曲直播也是对以往传播模式的创新，也能吸引一大批粉丝，从而进行交互式的、现场式的、沉浸式的戏曲文化的传播。如今"非遗上云"已成为重要的非物质文化遗产的传播方式，新冠疫情带来的"云体验"和"云学习"也引发了人们对于非遗的关注，中原戏曲可以借助短视频平台进行云端的文化传播，在创新传播方式的同时扩大传播范围，吸引更多受众。

第二节　短视频时代中原戏曲文化的传播特点

2015 年，《国务院办公厅印发关于支持戏曲传承发展若干政策的通知》指出"发挥互联网在戏曲传承发展中的重要作用，鼓励通过新媒体普及和

---

① 陈国华：《科技视域下的河南文化创意产业发展研究——以河南戏曲为例》，《价值工程》2014 年第 31 期。

宣传戏曲"①。在媒介融合时代，信息传播逐渐向着视频化的方向迈进，移动短视频因内容碎片化、传播即时化、互动性强等特点，契合了当下受众的快节奏生活方式。抖音、快手、微视频等短视频平台兴起，改变了受众传统的阅读习惯和生活方式，也为戏曲文化传播带来了机遇和挑战。

新冠疫情期间，不能到现场看戏的戏迷，通过短视频平台找到了新的娱乐形式。由河南省曲剧艺术保护传承中心推出的大型原创曲剧《鲁镇》在各大短视频平台上线之后，点击率飙升，受到了广泛的关注，其中一些经典唱段更是引发网友的学习和模仿，甚至在"00后"乃至"10后"中，也有着一定的影响力。相关大数据显示，"90后""00后"已经成为短视频平台听传统戏曲的主力，占总观众的52%，"70后"观众仅占10%。传统戏曲不是老一辈人才能欣赏的艺术，不能仅是房间电视机上的常见节目，借助短视频直播平台，传统戏曲找到了新的观众和舞台，实现了与年轻人的无障碍交流。可以说，短视频改变了戏曲艺术逐渐被边缘化的现状，而戏曲艺术也正在以新的面貌呈现在人们面前，传统文化在更广泛的平台上有了美的展现。

中国戏曲学会、河南豫剧院加入短视频艺术普及和全民美育"DOU艺计划"，探索抖音短视频与戏曲文化如何更好地结合、创新与发展，如何在抖音平台持续传播和弘扬中国传统戏曲文化才能让已成为小众艺术的戏曲回归大众艺术本位。抖音官方平台发布的《2022抖音戏曲直播数据报告》显示，在抖音平台上戏曲听众和戏曲主播最多的省份是河南。因此，可以把抖音平台作为典型案例来考察中原戏曲文化在抖音的传播现状和传播机制。

一　传播主体的多元化

所谓传播主体，也就是信息发布者，即在抖音平台上发布中原戏曲相关视频的组织或个人。在对抖音平台相关传播主体进行分析后我们发现，除了一些传承中原戏曲的专业表演团队和戏曲名家外，普通用户因为个人

---

① 国务院办公厅：《国务院办公厅印发关于支持戏曲传承发展若干政策的通知》，中国政府网，2015年7月17日，http://www.gov.cn/zhengce/content/2015-07/17/content_10010.htm。

爱好也会在抖音平台发布一些自己原创的戏曲内容或者对一些经典唱段的翻唱。为进一步了解抖音平台上中原戏曲传播主体的具体情况，在对抖音平台上中原戏曲传播者的资料进行详细分析的基础上进行归纳总结，可得抖音平台上的中原戏曲文化的传播主体主要分为以下四类：专业官方剧团、专业戏曲演员、民间官方剧团和民间戏曲爱好者。其中各个类别中具有代表性的账号分别是：专业官方剧团"河南豫剧院三团"主要发布一些老艺术家们的舞台表演，大致内容分为三大板块，即三团经典唱段、豫剧现代戏《守望红旗渠》以及杨兰春大师专辑，粉丝 6.6 万人，获赞量 22.2 万个；专业戏曲演员"豫剧骄子孟祥礼"作为一级演员入驻抖音平台，经常发布日常唱戏片段，鼓励传统戏曲文化传承；民间官方剧团"说唱濮阳"主要是由"90 后"戏曲人运营，内容在保持传统中原戏曲特色的同时，不失幽默与改革元素；民间戏曲爱好者"小愚公"，以小伙反串老太的形式表演戏曲，从账号创立至今有 363 个作品，抖音粉丝 8.4 万人，获赞数达 102.6 万个。

二　传播内容的丰富化

短视频作为融合了文字、图片、视频、音乐等多种表现形式的多媒体产品，为戏曲文化的创新性传播提供了可能。笔者在抖音短视频平台以"中原戏曲"为关键词进行搜索，并对搜集到的关于中原戏曲的短视频样本进行分析，发现短视频平台上关于中原戏曲文化的传播内容较为丰富繁杂，这些短视频主要分为以下几种类别：经典戏曲合集、经典唱段翻唱、手势舞和对口型等。经典戏曲合集主要包括豫剧《朝阳沟》合集、河南地方戏合集、大平调全场戏合集等，整合戏曲资源，方便戏曲爱好者观看。经典唱段翻唱主要是一些年轻人致敬传统戏曲，对经典唱段进行再次演唱。比如"戏曲桂"河南妹子翻唱曲剧名家李天方老师代表作，好的唱腔加上幽默的表演让人连连称赞。手势舞主要是根据中原戏曲进行的手势舞蹈的比划表演，主要考验表演人的手势与面部表情，《保佑歌》《小仓娃》等多个戏曲都有手势舞的相关视频。对口型不单单是对上口型和戏曲唱段，人物的表演动作也是视频内容的关键。

三　传播效果的正面性

传播效果对于整个传播活动来说至关重要，这里的传播效果也就是受众对于在抖音平台进行中原戏曲文化传播的态度，通过对传播效果的分析可以进一步推断受众对于在短视频平台传播戏曲文化的态度。笔者主要是在抖音平台对中原戏曲相关的短视频的评论区进行分析，通过受众的评论来洞察受众的情感态度。热评是短视频评论区中点赞量、互评量较多的用户评论，对热评的分析具有一定的代表性，笔者通过对短视频中的热评进行分析，发现热评主要是对戏曲表演者的赞美与对未来戏曲发展的期望。尤其是一些青年学子对戏曲的表演，让网友们表示：艺术传承后继有人，倍感欣慰。通过分析可以看出，这些短视频激发了抖音用户对于中原戏曲的关注，也进一步说明戏曲文化与短视频结合是被受众接纳和认可的。抖音作为一个社交媒体平台，用户在发布短视频的同时，能收获到来自陌生人甚至是专业演员的认可，这具有更大的激励作用。

四　传播场景的真实化

以往在舞台上进行戏曲演出时，需要进行舞台和舞美的设计，虽说好的舞台布景能给观众带来身临其境的体验观感，但与真实场景之间还有出入，而抖音短视频的拍摄大多取自真实生活中的天然场景，少了舞台上的刻意布置，增强了对故事情节的融入感和代入感。例如，抖音上的"河南姐妹花"用户，在创新戏曲内容表现方式的同时，视频中所有场景都是村里的真实场景，《桑林收子》选取桥头的场景、《搞笑版朝阳沟》选取庄稼地的场景、《相亲》选取普通农户家中场景，所有戏曲视频都根据内容选择了相应场景，不禁让人感叹"狠狠代入"了。

第三节　短视频时代中原戏曲文化的创新传播

2017 年中共中央办公厅、国务院办公厅印发了《关于实施中华优秀传统文化传承发展工程的意见》（以下简称《意见》），《意见》指出要加大传统文化的宣传和教育力度，实施中华文化新媒体传播工程。根据《2018

抖音大数据报告》（以下简称《报告》），2018 年抖音的传统文化类别播放量 Top5 分别为书画、传统工艺、戏曲、武术和民乐，并且《报告》显示在抖音平台上参与传统文化新玩法的用户多达 18 万人。短视频正成为传统文化新的传播渠道。因此，以抖音短视频为例，探究抖音中中原戏曲文化的创新传播具有很大的意义。

一　重组艺术形式，打造"动态美学"

抖音短视频的多媒体属性，给了用户不同的体验感。比如各种古代特效等给予戏曲表演更好的视觉观感。另外，通过视频剪辑、转场等技术给予观众传统戏曲表演难以带来的视觉享受和技术体验①。抖音短视频的碎片化特点让台前表演、台后装扮、幕后花絮都展现在人们面前，这种动态的体验感更符合互联网用户的习惯，加深了观众对于戏曲文化的理解和尊敬。比如河南卫视在抖音平台发布的戏曲演员的幕后：休息时依然坐如钟，不能乱了发型并且为了能随时接到上台的通知，手里还要一直握着手机。如果不是这些幕后花絮的呈现，观众永远不知道台上的演员在台下付出了多少努力。对于中原戏曲文化的传承不止在幕前，人们也应该更多关注幕后。

二　戏曲文化的个性化表达

我们可以大体将抖音平台上中原戏曲文化短视频的发布者分为专业戏曲传承人和普通戏曲爱好者。一方面，专业戏曲传承人通过知识传播，对中原戏曲进行专业性和个性化呈现，改变了传统的演出模式，更加吸引不同年龄段的受众。并且，抖音所具有的交互性，让这些传承人和受众之间有了更多互动交流的机会，加深了双方的情感联结。比如河南省曲剧艺术保护传承中心演员张晓英入驻抖音平台，发布大量中原戏曲内容，并且将内容分为豫剧、曲剧、越调和小剧种四大板块，还经常与粉丝进行互动，每晚进行直播，这极大拉近了专业戏曲演员与戏迷之间的距离。另一方

---

① 陈曦、万书亮：《中国戏曲传承与传播新途径探究——以抖音短视频为例》，《戏剧文学》2021 年第 7 期。

面，普通戏曲爱好者通过对戏曲文化的个性化表达，对戏曲文化赋予新的意义，呈现对生活的乐观向上态度。"河南姐妹花"抖音用户作为草根戏曲爱好者，对各大经典戏曲桥段进行二次创作，用幽默风趣和生活化的方式进行表演，收获无数粉丝，每条视频点赞量都超过 1 万个。在抖音上，戏曲变得甚至不是那么传统，而是有些时尚，更加年轻化。

三　引起情感共鸣

抖音用户对中原戏曲短视频的观看和创作并不仅出于对中原戏曲技艺本身的热爱，更是出于对中原戏曲文化、对中华优秀传统文化的热爱。在评论里可以看到"喜欢""赞"等热评词，戏曲文化背后的精神引起了情感的共鸣，这才是戏曲文化传播的深层次价值和内涵。濮阳县文化馆馆长、国家级非遗大平调传承人张相彬组织创办了"说唱濮阳"抖音账号，将戏曲文化传承的大舞台移到直播间，一方面因为新冠疫情原因，戏曲传承人需要新的舞台去传承戏曲文化；另一方面，由于当地有很多村民外出打工，很多年不能回家，他们思念家乡的亲人、想念家乡的戏曲、关注家乡的变化，通过抖音看到乡亲父老在手机另一端进行直播，进一步缓解了乡愁。

四　开放"特权"

为了更好地弘扬和传承戏曲文化，抖音官方也为一些在抖音入驻的戏曲艺术家、戏曲爱好者和戏曲组织等用户账号开放了一系列的"特权"。比如，对一些优质戏曲内容创作者开放了长视频权限，采用定向流量、优先推荐等措施，最大限度为中原戏曲引流，加大戏曲宣传力度，扩大观众覆盖率。另外，抖音利用大数据技术，让中原戏曲有更高的可见度。在抖音平台首页的搜索框里打出"河南"二字，就会自动看到"中原戏曲""河南豫剧"；打上"戏曲"二字，就会出现"戏曲直播""戏曲豫剧大全100首"等。在推动中原戏曲文化的传播方面抖音平台做出了一系列的努力。

五　老艺术家+新传播

抖音平台入驻了很多中原戏曲老艺术家，这些老艺术家有着丰富的舞台表演经验和强大的戏曲文化传播影响力，可以说这些老艺术家们本身就有一定的粉丝基础。另外，这些老艺术家虽然年龄"老"，他们积极拥抱新媒介技术的心可是十分年轻的。河南豫剧院院长年过六十却用仅仅一两个月的时间学会了抖音直播，为了让中原戏曲文化更好地传播出去，李树建不停琢磨戏曲与短视频的融合，逐渐摸索到抖音平台的传播规律。他在抖音平台引发的"老戏曲·新传播"系列话题在戏迷中影响很大，吸引了很多戏曲爱好者参与，并且初步形成了品牌。

第四节　短视频时代中原戏曲文化传播存在的问题

一　新媒介带来的数字鸿沟

抖音作为一种新媒介，虽然普及率很高，但用户大多是年轻人。一些在短视频平台进行传播的新的戏曲表达形式最终触及的大多是年轻人。老年人由于自身学习能力的下降、对传统电视媒介的依赖以及不适应智能手机的小屏化，自然与年轻人之间产生了数字鸿沟。再加上新冠疫情原因，线下为数不多的戏曲表演也被迫转移到线上，短视频等新媒介的出现也让戏曲文化拥抱新媒介。戏曲表演在抖音等短视频平台迅速发展的同时，电视媒介的戏曲创新却鲜有人重视。老年人也渴望看到新的戏曲表演形式，日复一日的重播会让老年人失去对戏曲的新鲜感。因此在短视频平台进行戏曲创新时也兼顾电视媒介上的创新，传统媒介与新媒介结合传播，未尝不是一种全覆盖式的传播方式。

二　娱乐至上偏离文化本真

抖音短视频平台的低门槛性和草根性使得每个人都可以进行内容创作，但这就不乏一些低俗搞怪的内容出现，适当的娱乐性可以吸引人们的注意力，增加时尚感和现代感，对戏曲文化的活态传播有很大的帮助，但一些创作者为了博取流量和关注，故意恶搞，曲解戏曲所传递的故事。传播主体的戏曲素养决定着戏曲文化的传播效果。例如，一些普通民众故意扮丑，穿着奇装异服进行唱戏表演，一方面在"审美"时代，"审丑"变得独树一帜，另一方面演员与实际故事人物出入较大，这都会以一种"丑化"的方式吸引受众关注，但这种丑化带来的流量与关注只是暂时的，它不仅会对文化传播起到适得其反的作用，而且对短视频平台的受众，尤其是一些处于形成价值观导向时期的青少年受众会产生不良影响。

三　内容同质化严重

内容同质化是当下抖音等短视频平台普遍存在的问题，一些热点爆款内容一经出现，模仿者层出不穷，一些人纯粹是盲目跟风，完全是为了吸引流量而进行的效仿，这种效仿在戏曲短视频中更加显著。例如抖音很火的对口型最火段子，通过对口型加上自身表演的形式来弘扬戏曲文化，但就出现了一些人假借对口型的名义，趁机蹭流量、打擦边球的现象，一些低俗视频比比皆是。另外，一些戏曲短视频经典唱段"出圈"后，就随即引来无数模仿，同一话题标签下同质化内容泛滥，看不到丝毫的创新与进步，这种同质化现象一方面造成了审美疲劳，另一方面脱离了传统戏曲文化传播的本真。

四　非专业性带来的认知模糊

抖音平台话语权的下沉给了每一个戏曲爱好者展示自己的机会，专业戏曲表演者和非专业抖音用户都可以上传自己拍摄的视频，给不同用户带来了同等的体验感。但非专业普通用户由于没有受过专业训练，没有学习过戏曲的专业知识，可能存在对中原戏曲相关内容认知模糊、无法辨别虚假内容等问题。比如，在经典的豫剧唱段中穿插英文，用豫剧的腔调去表现英文的发音；在一些表达爱情的唱段里，戏曲讲究内敛，通常表现得更加含蓄，而短视频中过分亲昵的动作失了戏曲的古雅美；在表演哭泣、饮酒的场景时，戏曲也讲究掩袖的动作，短视频中的表演却是大碗喝酒、大声哭泣，多了几分豪迈，少了戏曲所固有的特质。在创新的幌子下，随意改动，严重曲解了戏曲文化的价值内涵，非专业性带来的是戏曲传播的随意性和娱乐性。

第五节　短视频时代中原戏曲文化传播策略

中原戏曲从人们日常生活的娱乐方式，到逐渐淡出人们视野，再到如今借助短视频平台再掀浪潮，虽然短视频给予了中原戏曲新的传播机会，但这并不能改变中原戏曲逐渐边缘化的现状。如何让中原戏曲乘着短视频之风再次回到人们眼前，让传统戏曲文化不再黯然失色，是目前戏曲界和我们每一个中华儿女应该反思的。

一 促进戏曲产业化发展

抖音短视频平台虽给中原戏曲文化带来了新的发展机遇，但如果只是依靠单一的媒体渠道，依然不能有效到达所有受众，要想实现戏曲文化传播的大众化，就必须拓展戏曲文化发展的产业链，形成线上与线下的整合传播。可以借助抖音短视频发掘优质戏曲内容和优秀表演人才，对戏曲内容进行不断创作和创新，并对有潜质的戏曲人才进行专业的培养与训练，扩大中原戏曲文化传承范围。通过线上对资源和人才的挖掘，吸引更多优秀的人才加入，可以在线下产生更多优秀的戏曲文化产品，打造独特的中原戏曲文化品牌，提升戏曲文化影响力，让老年人在线下也能感受到短视频时代戏曲文化的创新与发展。

二 对戏曲文化抱有敬畏之心

中原戏曲文化作为中华优秀传统文化，是历经大浪淘沙留下来的产物。中原戏曲与短视频相结合不可避免会有娱乐属性的产生，但过度娱乐化、对戏曲内容进行曲解、颠倒黑白、对历史人物进行丑化也已经不是单纯的娱乐了，而是对中原戏曲文化的不尊重与亵渎，更是对中华优秀传统文化的不重视。每一个戏曲剧种和每一场表演，都是台前幕后无数艺术家和工作人员辛苦努力的结晶。对老一辈人留下的戏曲文化常怀敬畏之情才是我们新时代年轻人应该抱有的态度。

三 "现代化"与"戏曲化"相结合

中原戏曲文化作为中华优秀传统文化，是传统、是经典，更应该是流行。人们在呼唤传统戏曲文化回归的同时，更应该在传承的基础上赋予其时代内涵，在经典中感受流行、在传承中感受现代。"小时候觉得戏曲节奏很慢，现在觉得戏曲如此之美"，河南卫视官方抖音账号对中原戏曲文化给予了全新的诠释并为之实践创新。借助 5G、VR 等技术，河南卫视在系列奇妙游节目中给戏曲舞台增添了浓郁的现代时尚元素，水中月、镜中花、仙鹤展翅这些难以捕捉的细节被新媒介技术活灵活现展示了出来，让人在听曲儿的同时，迎来一场视觉盛宴①。

四 创新故事形态，讲述身边的故事

内容同质化就是缺乏创新，一味模仿只会在平庸中慢慢迷失自我。陈旧的故事情节、相似的表演内容很容易让观众产生审美疲劳，况且是在注意力如此紧缺的当下，创新故事形态、用新的故事吸引观众，就需要善于发现身边的故事。河南卫视在抖音平台上线的豫剧《白衣执甲》融入抗疫故事，用三段经典的豫剧来展示三个抗疫故事，尤其是经典豫剧《穆桂英挂帅》配以女性医务工作者抗疫历程，不少网友表示，没想到有一天"竟然看戏曲看哭了"。新的故事才能引发新的共鸣，才能冲出同质化的牢笼。可以说，《白衣执甲》的创新是值得借鉴的，通过戏曲反映现实生活和当下民众密切关注的话题，未尝不是一种创新。

五 加强文化之间的交流和融合

作为文化载体的戏曲，在当下文化大融合的背景下，一枝独秀是不现实的，满园春色才是文化发展的大趋势，在碰撞中融合与创新才能实现文化间的共赢。这就要求中原戏曲文化与其他文化进行创新性融合。目前存在较多的融合形式，它们是相声、小品等文化与戏曲的结合②，这也是为观众喜闻乐见的。比如朱世慧、范军的豫剧相声《与众不同》将豫剧与相声相融合，观众在被相声逗笑的同时，能感受到中原戏曲的魅力。另外，中原戏曲可以与旅游文化进行融合。位于郑州的"只有河南·戏剧幻城"将戏剧、戏曲、旅游文化融合得天衣无缝。每年，都会有无数游客慕名前来，56 个格子，每个格子都在演绎着不同的人生。"只有河南·戏剧幻城"抖音官方账号除了发布旅游攻略外，十分注重对于戏曲的宣传：让传统戏

---

① 孟燕：《新世纪中国戏曲舞美空间的美学意蕴探究》，《戏剧之家》2021 年第 34 期。
② 林芳芳：《以〈梨园春〉为例析河南戏曲文化的推广与传播》，《北方音乐》2015 年第 4 期。

曲与科技元素相结合，认识那些为了戏曲艺术传承倾尽一生的人。用旅游资源助力戏曲文化开发未尝不是一种有意义的尝试。

六　加大戏曲文化知识宣传普及力度

俗话说，外行看热闹，内行看门道。如果对戏曲文化的掌握仅仅停留在一知半解和单纯对口型模仿的程度，显然是不够的。要让唱戏曲、听戏曲、爱戏曲的人真正懂戏曲，这也是戏曲文化更深层次传播的内涵。对此，抖音平台应该多请一些戏曲艺术家对戏曲艺术文化知识进行专业性的讲解，对戏曲的舞台设计、人物的表演进行深层次的解读，尤其要对一些流行于视频平台的经典唱段的故事背景、人物的心路历程以及戏曲所传递的价值内涵进行专业性的解读，这样才能让戏曲文化在飞入寻常百姓家的同时，保留其应有的价值标准。另外，抖音平台可以针对一些中原戏曲文化短视频爱好者定期举办中原戏曲文化知识竞赛之类的戏曲知识比赛，对在竞赛中取得较好名次的用户给予平台认证或者流量扶持政策，真正做到让中原戏曲文化知识得到最大程度普及。除此之外，抖音可以邀请专业的戏曲表演老师作为顾问，为一些戏曲内容创作者提供一对一的问题解答与培训指导，帮助戏曲主播提高专业水平。

第六节　短视频时代中原戏曲文化传承保护策略

一　保护戏曲传播者

传播者在戏曲文化传播中的作用不言而喻，倘若没有专业的中原戏曲传播者，抖音平台中原戏曲相关短视频很可能杂乱无章，可以说传统戏曲传承人在包括抖音在内的新媒体平台起着举足轻重的价值引领作用。同样，这些戏曲传承人一直是抖音平台戏曲内容生产的主力军。虽然说一些非专业性的戏曲爱好者也会不断创作新的短视频，但不可否认，专业传承人对于戏曲优质内容的把握更加到位。例如河南省濮阳县在抖音平台创办的"说唱濮阳"抖音账号，在直播间搭起戏台，由7位专业的戏曲演员登台唱戏，直播不到40天就收获了3万多名粉丝，日均看播人次也在10万以上，每天的直播间好生热闹，就连年轻人都被直播间的表演吸引。参与直播的 7 位演员曾是河南卫视《梨园春》栏目年度总决赛的金、银、铜奖擂主，专业能力过硬。可见，虽然戏曲短视频账号十分繁杂，但观众自身也有着一定的辨别鉴赏能力，对于专业戏曲传承人的保护理应得到重视。政府、相关戏曲组织部门可以改善专业戏曲演员的待遇，邀请专业戏曲演员参与直播等大型活动。

二 关注戏曲受传者

年轻人是戏曲传承和发展的中坚力量，年轻人的态度是戏曲传承的关键。如今，年轻人对戏曲的认知可能更多停留在《霸王别姬》《穆桂英挂帅》等经典电影上，而对戏曲的历史概况，甚至是一些剧种剧目都说不出来。因此，应该加大对年轻人的戏曲宣传普及力度，要让戏曲走到年轻人身边才能真正唤起年轻人对戏曲艺术文化的热爱。河南省"戏曲进校园"活动走进大中小学校进行中原戏曲文化的弘扬，专业戏曲演员还会展示戏曲舞台上不同行当的动作，让学子们近距离感受中原戏曲文化的魅力，这对于提升年轻人对戏曲的兴趣以及增强对中华优秀传统文化的认同具有十分重大的意义与价值。对戏曲文化的热爱是逐步形成、耳濡目染的，年轻人去发掘戏曲中独特的文化魅力，戏曲尽最大努力去贴近年轻人，戏曲追上年轻人的脚步，两者才能"相吸"。

三 平台担起戏曲文化传播重任

戏曲文化传播任重道远，平台对于戏曲文化的态度决定着戏曲文化的可见度。抖音官方平台发布的《2022 抖音戏曲直播数据报告》显示，抖音平台已有 231 种戏曲开通直播，73.6% 的已开播戏曲获得过直播收入，不少濒危剧种也通过直播再次活跃在人们面前。另外，数据显示，2021 年，抖音传统文化类直播场次比 2020 年增长了 100 万场。以其中最受欢迎的传统戏曲为例，戏曲直播开播场次超过 80 万场，平均每场观看人次超过 3200。每一场戏曲直播都相当于一场中型演出。突如其来的新冠疫情减少了线下演出，直播为很多戏曲演员提供了再就业岗位，成为他们重要的收入来源。在未来，抖音平台应该更多承担起中原戏曲文化传播的重任。针对一些河南濒危剧种，设置相关词条增加话题讨论并对相关视频和直播实行流量倾斜。针对一些专业戏曲演员创作的优质内容，可以尝试开通付费演出功能，在知识付费时代，只有这样才能保证优质戏曲内容源源不断地产出。另外，抖音平台可以和河南当地一些戏曲专业的学校展开合作，让这些戏曲学子有更大的舞台来展示自己。

四　加大对中原戏曲的扶持力度

面对短视频时代中原戏曲文化存在的诸多困境，政府部门须制定和出台一系列相关的政策予以扶持，支持中原戏曲的长久发展。首先，对于中原戏曲工作人员来说，政府要切实改善他们的工资待遇和提升薪资水平，这样才会让他们不会感觉被时代遗忘，才能让他们专注于对戏曲文化的创新创作。其次，鼓励并支持广大戏曲剧团和戏曲工作者积极拥抱短视频，积极学习新媒介技术，用百姓喜闻乐见的方式传播中原戏曲文化[①]。再次，针对短视频平台戏曲文化内容的杂乱无章，国家也应出台相关法律法规，促进短视频与戏曲文化良性、健康发展。最后，在对一些大剧种诸如豫剧、曲剧等进行持续宣传的同时，不能放弃一些小剧种。小剧种的边缘化更提醒政府应加大对其扶持力度。可以鼓励小剧种剧团多培养和招募戏曲人才，并给予一定的福利。借助新媒介技术，扩大小剧种的传播范围，才能真正防止小剧种灭绝。

五　戏曲动画前景广阔

虽说戏曲动画的发展还很不完善，但戏曲动画的出现对于戏曲来说可谓向着现代科技迈出了一大步。面对抖音等短视频平台的用户低龄化，"戏曲+动画"的完美融合让青少年儿童在看动画的同时能对戏曲知识有一定的了解，用青少年儿童喜欢的方式潜移默化地使他们认可中华优秀传统文化，这也是戏曲动画真正的价值所在。面对技术尚不成熟的现状，戏曲剧团或者文化组织可以和动画公司进行合作，让动画制作者对戏曲文化有

---

① 张琼：《融媒体背景下河南戏曲传播路径、问题及对策研究》，《新闻爱好者》2020年第11期。

更深刻的理解，确保戏曲动画的高质量产出。另外，由于我国戏曲动画起步较晚，大多剧情建立在已有的舞台表演基础之上，这就不可避免会落入俗套。戏曲动画不妨另辟蹊径，对于一些无法在舞台上表演的高难度的戏曲内容进行动画形式的展现。新颖原创的内容也是吸引受众的关键。

本章小结

戏曲，作为中华文化的瑰宝在当今时代似乎有些黯淡。传统戏曲艺术似乎只有老一辈的人才会喜欢，年轻人甚至在不知不觉中与传统戏曲划清了界限，但这并不意味着我们就要接受传统戏曲逐渐边缘化的现状。近些年来，随着河南卫视"奇妙游"系列节目的"出圈"和河南传统文化类节目的守正出新，河南文化被越来越多人关注，中原戏曲也迎来了新的发展机遇。抖音短视频等发展与普及，让中原戏曲有了更大更好的舞台。不一样的戏曲内容、年轻化的表演方式、时尚感的舞台元素，用年轻人习惯的阅读方式去传播戏曲文化，才能增进年轻人对中原戏曲、对传统戏曲的认同，增强民族自尊心、自信心。

诚然，短视频作为网络时代的产物，作为人们日常娱乐的方式，不可避免会有娱乐属性的存在，不可避免会在与戏曲融合时出现各种问题。但传统戏曲要想"出圈"，就必须敢于接受新鲜事物，善于用当下流行的方式去创新戏曲表现形式，古老与现代、经典与流行的融合未尝不是戏曲文化的发展趋势。

近些年来中华优秀传统文化也借着短视频之风乘势而上。哔哩哔哩跨年晚会上的舞蹈诗剧《只此青绿》将宋代名画《千里江山图》的东方气质淋漓尽致地展现了出来；火爆抖音平台的国风变装，将现代科技元素与传统经典元素深层次融合；美妆博主复原唐代《簪花仕女图》的装造，并融合时代背景对妆容进行介绍，让人梦回大唐。穿汉服、读古书一度成为短视频平台内容创作者看重的时尚热点元素。在万物皆融的时代，传统文化也在借助短视频平台尽力融入现代人的生活，而我们也不妨对传统文化的融合创新多些包容与理解。

第二章　短视频与少林武术文化传播

中原地区凝聚着中华民族几千年来的优秀传统文化，如何将丰富的文化资源转化为文化品牌，将文化优势转化为经济优势，提高中原文化软实力和区域竞争力是当下区域发展的重中之重。河南省《华夏历史文明传承创新区建设方案》明确提出要推动中原优秀文化创造性转化、创新性发展，培育一批地域特色明显、展现中原风貌、具有国际影响力的文化品牌。

河南嵩山少林寺是中国佛教禅宗的发源地，以少林寺为代表的"天地之中建筑群"于 2010 年被列为世界文化遗产。少林武术文化是中国佛教禅宗文化独特的表现形式之一。少林武术作为国家级非物质文化遗产，不仅是中国功夫的代名词，也成为中华民族优秀传统文化的重要品牌象征。如何把以少林寺和少林武术为代表的少林武术文化打造成展现中原风貌、凝聚民族认同、具有国际影响力的文化品牌，是河南文化创新传播的重要命题。河南省政府在"十四五"期间的相关发展规划中提到要"凝练一批具有世界影响力的中华文化超级 IP，围绕其开展多样化内容生产，不断提升旅游目的地文化内涵和影响力"。[①] 所建构的 4 个全球著名文化 IP 就包括以太极拳、少林拳、杂技为主的中国功夫 IP。河南省人民政府与登封市等地方政府对少林武术文化资源的开发非常重视，将少林武术文化列入了政府文化产业的重点工程。[②]

---

① 《河南省人民政府关于印发河南省"十四五"文化旅游融合发展规划的通知》，河南省人民政府官网，2022 年 1 月 13 日，https://www.henan.gov.cn/2022/01-13/2382423.html。

② 张小林、孙玮、龙佩林：《少林武术文化资源开发与品牌营销研究》，《西安体育学院学报》2008 年第 2 期。

20 世纪 80 年代，电影《少林寺》的热映，迅速提升了少林武术的国际知名度，一系列以少林武术为主题的少林影视作品、舞台剧、文化节进一步提升了少林武术文化的影响力，在全世界掀起少林武术热潮，少林寺旅游浪潮持续高涨，形成了少林武术文化品牌。已经逐步形成一个以少林武术为核心少林品牌的产业链群，少林武术文化品牌成为中国文化世界认可度最高的文化品牌之一。近年来，沉浸式大型实景演出《禅宗少林·音乐大典》将少林武术文化的禅文化与武文化深入融合，运用现代数字技术，将舞蹈艺术、音乐艺术、少林武术巧妙融合，创新少林武术文化传播的方式，引发受众的怀旧情感和文化认同。而在短视频时代下，少林武术文化的传播面临一些问题，品牌出现负面影响。嵩山少林寺于 2021 年 10月确定的《少林文化大数据平台建设方案》指出，少林寺将全面进入数字化时代，数字少林成为可能。

少林武术文化以少林寺武僧演练的武术为表现形式，充分体现了禅宗智慧的传统佛教文化体系。李蕾等学者从旅游资源的角度定义少林武术文化，认为少林武术文化资源分为三类：第一类是少林武术文化自然资源，如山川、森林；第二类是少林武术文化人文资源，又可以分为有形资源和无形资源，有形资源如寺庙、石碑，无形资源如武术器材；第三类是少林武术文化社会资源，如少林武术节。国内对于少林武术文化相关的研究，主要关注少林文化传播现状、传播困境及策略，以及少林品牌的塑造。李海霞从传播者和媒体议程设置的角度探讨了少林寺的媒介传播，认为少林寺和少林文化的知名度和影响力，以及由此形成的认同感能够引导消费者的消费取向。[①] 张小林等学者认为要以少林武术为灵魂，打造少林武术产业链，继续强化和创新现有传播手段，加强品牌塑造。[②] 少林武术文化品牌结合自身多元性的文化内涵、借助商业化的运作模式以及面向世界传播

---

① 李海霞：《民间传统文化品牌形象的媒介传播——以少林寺为例》，《现代传播》（中国传媒大学学报）2009 年第 6 期。
② 张小林、孙玮、龙佩林：《少林武术文化资源开发与品牌营销研究》，《西安体育学院学报》2008 年第 2 期。

等，成为中国武术文化品牌中最具影响力和号召力的品牌。[①] 少林武术文化相关研究中量化研究较少，陈楠等学者以禅宗少林音乐大典为研究对象，研究了入境游客对传统文化旅游产品的评价与整体满意度、推荐意识、再观赏意识之间的关系，还有学者采用内容分析法和扎根理论分析少林寺旅游认知形象和情感形象，了解游客对少林寺旅游形象的感知。Chen等人以少林寺为例，证明了品牌真实性和品牌依恋对历史怀旧和目的地品牌资产的正向中介作用。[②]

从上述研究中可以发现，有关少林武术的研究较少，忽视了短视频时代下少林武术文化面临的新传播局面。由此，本章关注的研究问题是短视频时代少林武术文化传播中的现状和困境。

第一节 少林武术文化与少林品牌塑造

一 影视媒体作品打造"少林梦"

少林武术文化通过文学化、小说化艺术加工和现代影视媒体传播，逐渐形成少林武术文化品牌，成为全球性的文化现象。金庸先生的武侠小说中的关于少林武功的叙述，初步形成了受众对于少林寺、少林武术的想象。随后少林武术文化借助影视艺术作品进行传播，迅速提升国际知名度。1982年公映的《少林寺》，提高了"天下功夫出少林"的品牌知名度。功夫类电影成为国外受欢迎的电影类型之一，实地游览嵩山少林寺、学习少林武术文化、感受少林武术文化成为国内外受众共同的"少林梦"。20世纪八九十年代，以少林武术为题材的影视作品和舞蹈剧不断把少林文化推向高潮，嵩山少林寺成立了河南少林寺影视有限公司，负责以少林文化为题材的影视剧如电视剧《新少林寺》的拍摄。随后拍摄了动画片《少

---

① 冉学东、王岗：《对中国武术文化"走出去"战略的重新思考》，《体育科学》2012年第1期。

② Chen, X., et al., "The influence of historical nostalgia on a heritage destination's brand authenticity, brand attachment, and brand equity: Historical nostalgia on a heritage destination's brand authenticity," *International Journal of Tourism Research* 23 (2021), pp. 1176-1190.

林寺传奇》《少林小子》。影视、动漫作品充分展现了少林七十二绝技、易筋经、罗汉拳等少林功夫，还传播了少林武学内外兼修、禅武合一的精神，获得广泛喜爱。随后大型原创民族舞剧《风中少林》《少林魂》等，结合舞蹈艺术等表现形式，进一步将少林武术文化向海内外推广。

2018 年由河南卫视和少林寺官方打造的大型户外儿童真人秀《少林英雄》，作为首档与少林寺官方合作的真人秀在对外弘扬中华优秀传统文化、宣传少林文化上起到重要作用。真人秀综艺节目是短视频时代一种符合受众需求的传播方式，《少林英雄》精准定位目标受众。少林武术文化场景体验和少林禅武文化结合，以当下兼备趣味性和教育性的真人秀表现形式，融合传统文化教育与少林功夫等颇具看点的元素。少林寺中僧人的生活状态、少林功夫、禅武一家的训练，甚至是少林寺，都具有一定吸引力。《少林英雄》以功夫明星赵文卓的名人效应吸引受众关注；明星和萌娃学习少林武术来制造反差效果，把少林寺禅武功夫与少儿成长体验相结合，将功夫学习和少儿教育相联系，引发国人对教育和文化的思考，并带动新一代年轻人学习少林武术。同名主题曲《少林英雄》在抖音短视频平台一度成为热门配音，短视频用户以《少林英雄》为背景音频，发布学习少林武术的视频作品，发布内容往往以萌娃学习少林拳法为主，以音乐短视频的隐性传播方式宣传少林武术文化，展现少林武术文化在新时代的活力。

除了影视剧、动漫作品、真人秀综艺作品外，少林寺在海外举办大型的少林功夫演出，举办国际少林武术节、文化展演等，进一步提高少林武术文化的知名度，提升国际影响力，以不同的方式诠释少林武术的文化内涵。

目前以少林武术表演、培训、旅游开发、少林题材影视作品拍摄为核心的少林品牌产业链群已然形成。少林武术文化应加强对外传播，开发少林武术文化国际市场、传播中国武术和禅武文化、发展少林武术文化品牌成为中华优秀传统文化传播的重要方式与途径。

二　少林武术旅游产品助推"少林游"

少林武术文化的传播依托于少林旅游目的地和少林旅游产品的开发。

挖掘和开发少林武术旅游资源、打造少林武术旅游产品有利于少林武术文化的交流、传播和发展。目前少林武术旅游资源以嵩山少林寺为代表，嵩山少林寺既是禅宗的"祖庭"，又是中国功夫的发源地，融合了中国功夫文化、佛教文化、传统建筑文化和传统中医文化以及其他元素，是少林武术文化资源开发的核心部分，也是打造少林武术旅游产品的重要旅游目的地，《醉拳》《少林寺》等电影的热映吸引众多的海内外游客前来参观少林寺。嵩山少林寺旅游产品开发的范围广，物质旅游景观和产品丰富，通过实体景观很好地展现了少林武术文化，实体景观如达摩亭、山门、客堂、地藏殿等建筑以及《少林寺碑》等石刻。少林武术旅游产品还包括武僧习武雕塑、小型的十八般兵器等。少林寺作为典型的能给怀旧情结者带来慰藉的旅游目的地，很好地展示了少林武术文化和历史文化遗迹，能够引发游客的历史怀旧情绪和文化认同感，吸引了大量游客消费，带动了少林武术的市场化发展。

皮瑞等学者采用内容分析法和扎根理论的方法，以嵩山少林寺为研究对象，研究发现，少林寺旅游形象高频词中的"少林""少林寺排名"排名位于第一、第二位，"武功"一词排名第三，游客感知度极高。可见对于游览少林武术旅游地的游客来说少林寺和武功认知程度高，可继续进行宣传，维持知名度。而作为少林武术文化自然资源的代表，少林寺的所在地"嵩山"在高频词中排名第五，这与嵩山一直以来的传播策略不明确有关，要对嵩山进行品牌定位，以其独特的历史文化资源进行宣传，加深游客对嵩山的品牌依赖。少林武术文化自然资源的代表"塔林"作为少林寺必游景点之一，在数据统计中排名第七，要加强对于自然资源和文化资源的宣传，以其丰厚的历史文化底蕴来吸引游客注意力，提高游客的感知度。而旅游形象高频词排名第六的是"表演"，证明了少林寺的武术表演对游客具有较高的吸引力，少林武僧表演一直以来都是少林文化品牌的代表，《禅宗少林·音乐大典》融合音乐、舞蹈、少林武术等表现形式，对少林禅武文化的深层精神内涵进行创新传播，已成为少林武术旅游产品的新兴文化品牌。少林武术文化人物，如禅宗始祖达摩，在游客当中具有较高的感知度。可见少林武术文化资源达摩洞、达摩亭，以及关于达摩的众多故事传说，对于游客的吸引力较大，打造少林武术旅游产品要利用禅宗文化底蕴宣传禅宗文化人物和少林故事传说，从而吸引游客注意力。总体来说少林寺武术、佛学文化、建筑文化、旅游景点、影视文化以及禅宗、名人传说对游客构成吸引，游客感知度高，打造少林武术旅游产品要全方位挖掘少林武术文化资源，增加少林武术文化深度体验旅游项目，形成少林武术文化品牌优势，从而提升少林武术文化知名度和影响力。

三 《禅宗少林·音乐大典》营造"少林幻想"

《禅宗少林·音乐大典》舞台剧作为全球最大的山地实景演出剧目，是河南省文化旅游打造的重点文化品牌。《禅宗少林·音乐大典》作为少林武术的精神旅游产品，以少林功夫为主体，融合舞蹈和音乐等元素，将传统文化与现代科技相融合，将传统中国元素融入国际制作，将视觉、听觉、触觉等多种模态感官相结合，以现代的传播方式传播、解读少林武术文化，使受众深入领悟禅宗文化和少林武术的精髓。

新芝加哥学派特里·尼科尔斯·克拉克和丹尼尔·亚伦·西尔提出的场景理论认为特定区域的文化和价值观念蕴含于文化生活设施之中，个体依托"舒适物设施"进行文化消费实践活动，不同的"舒适物设施、活动和人群组合方式"即"场景"，会提供城市消费机会的数量和范围，并赋予"城市生活以意义、体验和情感共鸣"。[①]"舒适物"是场景理论的核心概念，是指特定空间中商品和服务为消费者带来的愉悦效用。克拉克等就场景理论主观认识体系提出三大维度即真实性、戏剧性、合法性。真实性是场景中人的直观感受，是因认同所带来的愉悦感。戏剧性是令人感到愉悦的自我呈现方式。合法性是基于道德准则的自我表达与场景蕴含的价值观相符。《禅宗少林·音乐大典》就是通过提供特定空间中的舒适物，营造具有真实性、戏剧性、合法性的少林武术文化场景，打造文化空间和少林幻想主题。

少林武术文化场景的打造利用多重感官为受众提供舒适物，带来愉悦感和沉浸感。从听觉感官上说，《禅宗少林·音乐大典》将嵩山峡谷中奏

---

① 〔加〕丹尼尔·亚伦·西尔、〔美〕特里·尼科尔斯·克拉克：《场景：空间品质如何塑造社会生活》，祁述裕、吴军译，社会科学文献出版社，2019。

响的禅乐和大自然的水声、风声、虫鸣等自然声景结合在一起，营造"嵩山修禅，顽石开言"的境界，带来真实的感受。《禅宗少林·音乐大典》总共五个乐章，每个乐章中的少林武术代表元素不同，如水、木鱼、石制乐器等取自少林武术文化自然资源，利用自然的音乐主体来进行表演，作为舒适物，有助于把受众带入少林武术文化场景。从视觉感官上说，《禅宗少林·音乐大典》满足了现代受众的审美需求，少林武僧们的功夫表演、精彩的舞美效果配合现代光影技术打造的佛光，极具美学价值，受众在观看表演中获得少林武术文化认同感，认同感带来愉悦感，符合场景理论中所提到的真实性、戏剧性、合法性，少林武术文化沉浸式场景营造了少林幻想主题，满足了受众的"少林梦"，以及远离城市生活、归隐山林的心理需求。

《禅宗少林·音乐大典》也存在一定程度的不可见性。《禅宗少林·音乐大典》由于其演出地理位置、价格、演出时间等对游客产生了一定的消费障碍，少林寺大多游客是短途游览，无夜间旅游计划。另外，《禅宗少林·音乐大典》受季节等自然因素影响，传播效果有一定不稳定性，游客沉浸式体验效果可能受到影响。《禅宗少林·音乐大典》相比于传统的少林武术旅游项目知名度和认可度有待提升，在短视频平台宣传力度小，要加大对于品牌的宣传和建设力度，利用短视频热门话题进行品牌营销，提高受众的关注度。

第二节　短视频时代少林武术文化的传播现状

一　少林网红账号打造少林寺短视频传播矩阵

少林武术文化的传播包括禅文化的传播、武文化的传播和禅武文化的传播。利用短视频传播少林武术文化，需要对少林武术文化进行全方位传播。嵩山少林寺作为少林武术文化传播的重要文化品牌，短视频时代下少林寺内生活频频亮相网络。目前嵩山少林寺有20多位武僧创建了自媒体账号，累计粉丝量达2000万，少林寺众僧利用短视频平台，通过视频内容的创作，向短视频用户展示少林武术，以及少林寺练功修行生活和一些温馨的师徒日常，致力于传播少林功夫的意义和真谛，让更多的人了解少林寺、了解少林功夫。在抖音平台以"少林"为关键词进行检索，可得出粉丝量排行前十的"少林网红账号"（见表 2-1），具体数据截至 2022 年 6 月 12 日。少林个人自媒体账号除发布短视频作品外，还利用数字技术和云会议技术在少林寺禅堂进行网络直播，以在线直播的形式向短视频用户传播传统的少林武术。少林寺短视频账号利用直播技术"云考功"和短视频用户进行互动，其中少林武僧、少林功夫传承人延岑发布抖音话题"延岑带你看少林"，相关视频播放量达 25 万次，这种对少林武术文化的创新传播方式，引起短视频用户对于少林武术的关注。在短视频时代，少林武术文化影响力和知名度进一步提升。

表 2-1　抖音短视频平台粉丝量排行前十的"少林网红账号"

单位：人，个

排名	昵称	粉丝量	获赞量	视频集
1	少林释延淀	434.8 万	4881.2 万	无
2	少林释延高	403.6 万	4429.6 万	少林功夫
3	少林三宝	236.2 万	2644.9 万	小三宝的道理；三宝的幸福生活
4	嵩山少林刘建社	226.4 万	695.0 万	无
5	释延钦	140.1 万	1639.4 万	无
6	释延霈	108.6 万	931.2 万	无
7	少林延洛	107.1 万	1255.6 万	无
8	少林释延芊	86.3 万	639.7 万	无
9	延宸	74.9 万	1168.0 万	无
10	少林易筋经传人	73.2 万	241.7 万	无

短视频平台中抖音和快手上的少林短视频账号内容创作风格不同。快手短视频平台中的少林个人自媒体以少林武术表演为主要创作内容，以直播互动为主要创作形式。抖音短视频平台的少林个人自媒体账号可分为禅意内容创作者账号、武僧账号和萌僧账号，视频风格主要分为三类，即文、武、萌。少林禅意内容创作者账号利用有关禅宗思想的短视频文案辅以抒情空灵的禅乐，以及少林武术文化自然资源如寺庙、石碑等，营造淡

然、禅意、淡泊宁静的生活氛围，传播少林武术文化中的禅文化精神内涵，获得受众喜爱。少林武僧账号利用短视频展现少林武文化。如少林武僧释延高的短视频和直播展示了吃斋念佛、挑水劈柴的少林生活日常，以及少林七十二绝技等少林武术，符合了很多人对少林生活的想象。释延高推出的"少林功夫"视频合集，进一步强化了少林实力武僧的个人标签。截至目前，"少林功夫"系列播放量已突破 1 亿，有助于进一步传播少林武文化，提高人们对于少林文化的认知。少林武僧账号传播了中国少林功夫充满年轻气息与国际化的一面，改变了受众以往对少林寺的刻板印象。《中国日报》推出的原创系列纪录片《做一天朋友》以记者的视角，对释延高的一天寺中生活做出记录，以纪实类生活体验的形式，探讨新时代的少林僧人的生活与少林武术文化的传承。

另外类别的少林自媒体账号更多是展现少林寺的练功修行和少林师徒的温馨生活日常。如少林萌僧账号"少林三宝"已成为短视频时代的少林新兴形象 IP。"少林释延淀"和"少林三宝"两个短视频账号产生联动传播效应，向短视频用户展示了少林武术、练功日常和师徒互动的温馨小剧场，获得广泛关注。"少林三宝"账号中的"小三宝的道理"和"三宝的幸福生活"两大视频合集，利用萌娃和少林武术文化的反差制造热点。"小三宝的道理"以萌娃讲故事的传播方式，更好地传播了少林武术文化的精神内涵和禅宗思想。"三宝的幸福生活"展现了少林最小武僧的日常练功生活，吸引用户关注。萌僧三宝 IP 一经推出，引起了网友的广泛讨论，带动了年青一代了解学习少林功夫、少林文化，有利于少林武术文化在 Z 世代年轻人中的传承。小和尚三宝也逐渐发展成少林的新 IP，助力河南文化创新传播，少林寺以少林功夫为主题的互动产品"少林功夫好耶"，通过小和尚三宝这一 IP 形象，使受众在线上体验金钟罩、虎拳、童子功等少林武功，感受少林武功文化。

Z 世代的少林网红账号在一定程度上改变了以往受众对于少林的刻板印象和与世隔绝等传统少林标签。使用短视频和直播形式传播少林武术文化，是新时代少林武术文化的传承。目前短视频平台的少林自媒体账号基本上是个人媒体账号，少林官方媒体账号在传播少林武术文化方面缺席。要想在短视频时代进一步提高少林武术文化的传播效果，应建立少林官方媒体账号，以少林官方媒体账号作为宣传文化的主阵地，引导舆论方向。利用少林网红账号吸引受众关注，同时进行热点营销吸引受众通过发布短视频来自发传播少林武术文化，打造短视频传播矩阵，更好地传播少林武术文化的真谛。

二 少林动漫助推少林武术文化传播

少林动漫除了展现少林武术文化中的武文化外，对于少林武术文化的精神内涵"禅武一体"的传播更加重视。20世纪八九十年代动画片《少林传奇》《中华小子》充分展现了少林七十二绝技、易筋经、罗汉拳等功夫，还呈现了少林武学内外兼修、禅武合一的精神。其中动画片《中华小子》由中法合作出品，动画主题来源于我国悠久的历史文化，少林武术文化是其中的重点。背景设定在中国古代的中原地区，即少林武术文化的发源地。动画片讲述三位少林弟子唐小龙、花小兰和陈小虎与恶魔黑狐王斗智斗勇的故事。《中华小子》由于是国际合作出品，并以少林武术为切入点，以中国武术和传统文化为背景，以国际化的视角讲述一个具有浓郁中国风格的故事，深受海内外受众喜爱，进一步传播少林武术文化。

在短视频时代，少林武术文化通过少林动漫的表现形式得到进一步传播。3D版动漫电影《功夫少林寺》作为第一部动漫形式的少林寺电影，以动漫电影为载体，发扬了少林功夫的禅武合一精神，更好地将少林文化传播到世界。影片以达摩祖师传承禅宗为基本架构，讲述少林小武僧小蚱蜢与小禅师小葫芦在少林寺学武习禅的故事，并展示了传说中的少林木人巷、铜人阵、三十六房、十八罗汉等丰富的少林武术元素。少林武术文化中的禅宗祖先、传奇人物及其故事通过动漫载体传播，吸引受众关注，传播少林禅宗文化。

除动漫电影《功夫少林寺》外，动漫故事片《一禅小和尚》以条漫、动漫短视频的形式，将禅宗智慧由深入浅地化为人生哲理故事。《一禅小和尚》又发展自媒体账号"一禅小和尚"，以软萌治愈的风格在抖音积累起4700万名粉丝，全网粉丝1.5亿，播放量超过300亿。"一禅"小和尚的人设设计符合了中国人的归隐情结和少林武术梦，该动漫故事片运用引擎、动捕等数字技术，提升了短视频的产能，目前作品数已超过600个。

借助短视频，"一禅"的故事表现更生动和立体，3D 动漫短视频和禅机式心灵陪伴，呈现一个远离尘嚣的田园牧歌式场景。目前一禅团队正打造"一禅"IP 传播矩阵，尝试走"社交媒体—视频网站—院线电影"的 IP 道路，打造全民 IP，进一步提升少林武术文化的传播影响力。

三　少林音乐推动少林武术短视频传播

根据清华大学国家形象传播研究中心城市品牌研究室与抖音、头条指数联合发布的《短视频与城市形象研究白皮书》，城市推广中必不可少的四大元素被概括为"BEST"，其中城市音乐就是进行城市推广的重要一项。2018 年少林真人秀《少林英雄》同名主题曲在抖音爆红，成为网红歌曲，其相关片段及衍生短视频一度超过综艺节目《少林英雄》的热度，在国外也有一定传播影响力。歌词如"我心里一直有个梦，想去嵩山少林学武功，就像电影里帅气的超人，行侠仗义，飞檐走壁"。有旋律的节奏和浅显易懂的歌词引发模因效应，获得广泛短视频用户的效仿，短视频用户自发传播学习少林武术的短视频作品，抖音话题"我心中有个少林梦"引来广泛关注，获得 390.6 万人次播放量，"师傅我坚持不住了"的话题词条获得 1.2 亿人次播放量。少林武术文化以音乐传播途径获得了很好的传播效果，引起受众对于少林武术的关注。

第三节　短视频时代少林武术文化的传播困境

一　禅文化传播淡薄化与异质化

少林武术文化有体现禅宗智慧的传统佛教文化体系，禅与武的融合是少林武术区别于其他功夫学派的重要标志。少林禅宗由佛文化与儒、道文化碰撞融合产生，具有彰显中华文化特质、促进文明交流互鉴的文化功能①，是少林文化传承的根脉。少林武术文化包括禅文化，少林武术文化的重要宗旨是"禅武合一"，少林武术文化将禅宗思想作为少林武术的指

---

① 何岩柯等：《中国传统文化的基本精神与现代传承》，《人民论坛》2019 年第 33 期。

导思想。少林武术并不等同于少林功夫，将少林武术视为少林功夫是只专注于习练和竞技体育，而忽视其精神文化内涵，使得禅文化传播淡薄化。在少林武术的发展过程中，禅宗制约和影响着少林武术的发展。[①]

短视频时代少林武术文化的传播存在禅文化淡薄化的问题。禅文化相对于武文化来说资源发掘不够。禅文化作为一种高文化语境，在对外国际传播中也以武文化为主，很少关注禅文化的传播，导致少林武术文化中的禅武文化传播不平衡。通过短视频平台的少林账号也可以发现，少林网红多以少林武文化而走红网络，对于武文化的宣传也远远多于禅文化，展现出以武为主的宣传理念，少林寺武文化过于强势，呈现"重武轻禅"的趋势。

短视频时代导致了泛佛教、佛媛现象，这与禅文化的本质相违背，导致了禅文化的异质化。泛佛教内容背后的创作主体众多，有寺院官方外联部、佛学院、僧人私人账号、专业短视频团队、景区经营者和利益相关方，比如导游等。泛佛教主体利用互联网传播佛学，以佛教的名义引流，吸引眼球经济，变现经济利益，对于禅文化的宣传并非其首要目的。而佛媛往往利用经书、书法和茶杯等与禅文化相关的道具进行人设展演，在社交媒体平台上发布禅宗文案，热衷于营造淡泊名利的人设，把寺庙、佛门圣地变成了网红打卡地。礼佛成为网红获取流量和经济变现的工具，这对于禅文化起到了不良的宣传效果。少林寺本身应该对佛教文化的传播负有社会责任尤其是精神方面的引导责任，而不只是着眼于自身。少林武术文化传播应以少林官方媒体为主导，打造传播矩阵，对于禅文化进行规模化宣传，提高受众对于禅文化的认知水平和重视程度。而目前的少林网红账号短视频大多展示武术文化，在直播中注重维护与粉丝的关系，回答短视频用户提问，这往往与禅文化无关。

二 武文化传播泛滥化与商业化

除了禅文化的淡薄化，短视频时代少林武文化的精神内涵正逐渐流失，武文化泛滥化倾向明显。武文化的泛滥化主要表现在少林武术社会资

---

① 周斌：《浅析少林武术的禅武结合与异质文化交流》，《搏击·武术科学》2008年第1期。

源的开发和传播方式方面。少林武术文化自 20 世纪八九十年代以来，就以文化品牌的形式逐渐面向世界市场。少林武僧团在多个世界级剧院进行武术表演，宣传少林武术文化，进行世界级武术交流，弘扬禅宗大乘佛法，从而推动中华优秀传统文化传播。武术表演在一定程度上也象征着武文化的泛滥化，舞台艺术在迎合现代消费观念中已经以非常强势的姿态反过来影响传统文化的发展，其风情化和装饰性深深改变了原生态文化的本性。①少林商演的武术往往与日常僧人的习武训练不同，虽以传播少林武术文化为宗旨，但表演的成分大大增加，武文化的精神内涵逐渐模糊。如舞台剧《风中少林》作为文艺表演来说，是成功的艺术作品，而少林武文化精神内涵受到影响，它依附于文艺表演，改变了原有武术文化的本真性，艺术作品对武文化的重新编码可能会对少林武术文化的整体发展产生消极影响。

在少林品牌和少林武术文化品牌的商业化变现过程中，少林武术文化与少林经济产生矛盾，过度商业化可能与佛教的价值观和哲学相矛盾。"少林药局""CEO 释永信""少林寺商业武术表演"等少林品牌不断进行商业变现，少林网红账号逐渐呈现商业价值，如"少林三宝"的视频中出现了百度 AI 机器人以及商品橱窗，但少林寺的商业行为淡化了宗教的神秘性、神圣性、宗教性。少林品牌的运营策略在短视频时代发生变化，如扫码添油、线上拜佛、短视频"求学"、直播开光、网购法器等都是短视频时代下衍生的新型少林经济。除了短视频创作外，某些少林个人账号通过抖音直播间 PK 等途径，利用武文化吸引流量，如通过极限俯卧撑、即兴耍拳等特色惩罚任务获取关注，而直播间的此类武术表演往往重新建构了少林武文化，与少林僧人的日常习武训练并不相同，使观看的受众对少林武文化产生另类戏谑解读，带来不良的传播效果。

三　少林武术文化整体认知形象不平衡

少林武术文化以少林寺武僧演练的武术为表现形式，充分体现了禅宗智慧的传统佛教文化体系。李蕾等学者从旅游资源的角度定义少林武术文

---

① 张小林、孙玮、龙佩林：《少林武术文化资源开发与品牌营销研究》，《西安体育学院学报》2008 年第 2 期。

化，认为少林武术文化资源分为三类：第一类是少林武术文化自然资源，如山川、森林；第二类是少林武术文化人文资源，又可以分为有形资源和无形资源，有形资源如寺庙、石碑，无形资源如武术器材；第三类是少林武术文化社会资源，如少林武术节。①

目前少林武术文化的整体认知形象不平衡，这种不平衡来源于少林武术文化资源整体开发不均衡。少林武术文化是一种泛文化，少林寺作为"禅宗祖庭"是少林有形文化资源，享有极高的海内外知名度，品牌开发范围最广。少林寺及其周围的少林文化资源开发不够充分，受众认知度低，如以禅宗文化为底蕴的参禅拜佛朝圣的礼佛旅游资源，以"五百罗汉朝毗卢"大型彩色壁画为代表的文学资源开发不够充分。另外，嵩山作为少林武术文化自然资源，无明显差异性定位。嵩山作为五岳之一，在平面、电视等媒体上的宣传未能体现其独特性，在短视频时代应树立差异化的品牌形象。在对嵩山进行宣传时，没有很好地体现嵩山的文化内涵。

少林武术文化社会资源如少林武术节，国际少林武术节在海外积极进行宣传，而国内反响不大，由政府官方和少林寺主导，由全世界的少林武术高手进行武术交流，民间参与度低，没有形成很好的国际国内、官方民间的联动效应。对于少林武术文化社会资源的报道应借助短视频平台进行宣传，提高受众对于少林武术文化社会资源的关注度。

总体来说，少林武术文化资源挖掘不充分，宣传也没有形成整体的IP，导致知名度和影响力以少林寺为主，对于少林武术文化的人文资源尤其是无形的精神内涵宣传不平衡，大众在接触、认知作为一个整体概念的少林武术文化时，会有心理上的认知不平衡，使得少林武术文化整体认知不平衡，不利于整体形象的建构。

四　少林武术文化品牌开发不足

商业手段推动少林品牌的发展，如国内少林寺商品注册，河南少林寺影视有限公司、嵩山少林寺武僧团培训基地等的成立，少林寺实业发展有

---

① 李蕾、李强、赵发田：《少林武术文化旅游资源的开发与利用》，《首都体育学院学报》2003 年第 3 期。

限公司创办，少林武僧表演团成立等，少林武术作为少林品牌的重要文化组成，逐渐形成了少林武术文化品牌。少林武术文化是中华优秀传统文化的重要品牌，具有广泛的号召力和影响力。少林武术文化品牌历经三十年的快速发展，已逐步形成以少林武术为核心的产业链群。少林武术文化品牌的发展主要历经三个阶段。第一阶段是 20 世纪 80 年代初到 90 年代中期，少林武术文化品牌意识萌芽。《少林寺》电影在世界范围内的热映使得少林寺武术文化取得大规模关注，少林武术文化的影响力和知名度逐步上升，品牌意识开始树立。第二阶段是自 20 世纪 90 年代中期到 21 世纪初，少林武术文化品牌逐步面向世界市场，少林武僧表演团赴各大世界级剧院演出，武术培训、武术竞赛蓬勃发展，"国际少林武术节"等文化活动促进了少林武术在全世界的普及，推动了世界各个国家和地区少林武术运动的交流和合作。第三阶段是 21 世纪初至今，少林武术文化品牌产业链条走向成熟。少林武术文化品牌得益于商业化的运作，其市场化的运营空前发展，目前的少林武术文化品牌包括武术技巧、竞赛、表演、影视、旅游、商品经营在内的诸多方面的内容，形成了市场化日渐成熟完善的武术产业链条，有力地推动了武术文化品牌的发展。

目前少林武术文化市场化品牌发展向好，体现在少林武术教育市场和少林武术旅游市场发展向好。在少林武术教育市场上，少林武术培训机构占领了农村和海外许多武术消费市场，并形成了规模效应，推动了少林武术文化的发展。在少林武术旅游市场上，少林武术结合佛教圣地嵩山的特殊优势，迅速占领了旅游市场，并形成了自身的文化品牌，以文化品牌旅游和历史文化一级旅游吸引了大量游客消费，带动了少林武术的市场化发展。

在短视频时代，少林武术文化品牌的开发仍显不足，对于少林武术文化资源的开发不够充分。比如少林武术休闲商品市场开发不足，少林武术仍然作为一种武术文化曲高和寡，没有融入受众生活，而太极拳等武术文化和受众生活联系更为紧密。武术器材作为少林武术文化无形的人文资源，应进一步被作为少林武术休闲产品进行推广。在少林武术教育市场方面，该市场虽然也吸引了大批青少年的参与，但参与者往往文化素质较低，没有形成自身的少林武术教育品牌。

少林武术文化品牌在运营过程中面临文化内涵与经济利益之间的冲突，逐渐出现负面影响，引发了社会对于少林寺商业化的争议。各种类型的少林武术商演，以及利用少林武术的流量在短视频平台进行的直播打榜，在解构少林武术文化的同时，对于少林武术文化的深层精神内涵并未涉及。

少林武术文化的产权与品牌保护问题亟须引起重视，目前国内使用"少林"商标的情况泛滥，涉及食品、医药等多个行业。众多其他国家已经大量抢注了以中国"少林武术"为内容的商标，包括"少林功夫""少林武术""少林拳""少林全套功夫"等。随意地抢注和滥用少林相关品牌，使得受众对于少林武术文化产生误解。除了商业化的倾向，少林寺寺庙的管理世俗化，如保安取代守寺门的武僧、清洁工人取代打扫庭院的僧人，在一定程度上降低了少林品牌的真实性和品牌美誉度。解决少林武术文化的"避世"与"入世"之间的矛盾，减少少林武术文化品牌负面形象，是当下应该解决的重要命题。

少林品牌官方账号运营传播效果不佳，没有采用统一的传播策略和品牌定位。以抖音平台为例，截至 2022 年 6 月 12 日，少林武术文化自然资源嵩山少林景区的抖音官方账号仅有 4.4 万名粉丝、144 条短视频作品。同为河南风景名胜区的河南老君山抖音官方账号有 100.5 万名粉丝、800 余条抖音作品，并有"老君山的惊艳雪景回来了"，"雪后的老君山有多美"，"远赴人间惊鸿宴"等多个播放量过亿的词条。河南云台山景区的抖音官方账号有 40.3 万名粉丝、1396 条短视频。少林武术文化资源少林寺无抖音官方账号，《禅宗少林·音乐大典》官方账号有粉丝 3.3 万名，由此可见少林品牌并没有形成统一的品牌运营策略，并且在短视频平台的运营存在不被重视的问题。少林品牌和少林武术文化品牌应制定传播策略，进一步提升文化品牌影响力。

第四节　短视频时代少林武术文化的传播策略

一　怀旧地点：塑造差异化品牌定位

在短视频时代下，少林武术文化的进一步传播需要在认知上打造差异化品牌定位，以区别于太极拳等其他中国武术文化。少林武术文化一直以来都缺失品牌的核心传播策略和定位。少林武术文化的宣传定位是"禅武结合"，佛教圣地嵩山也应进一步挖掘其文化内涵，进行品牌宣传。少林武术文化的网络宣传不足，官方品牌宣传不足，未形成线上、线下的联动效应，少林武术文化自然景观嵩山与少林武术文化景观少林寺，共用一个抖音官方账号运营，抖音平台嵩山少林寺，一个词条的播放量破 1 亿，与其他风景名胜、寺庙相比，其短视频关注度低。河南省政府打造的大型实景演出《禅宗少林·音乐大典》品牌知名度不高，未获得广泛关注。少林武术文化社会资源，如国际少林武术节也没有得到很好的宣传，需要对少林武术文化进行差异化品牌定位、创新传播策略。

近年来，怀旧旅游逐渐流行，历史文化遗产旅游是怀旧旅游的重要类型。少林武术文化有着丰富的历史文化资源，可利用怀旧旅游进行品牌资产的维护与塑造，激发受众的历史怀旧情绪，进一步提高少林武术文化的品牌知名度和影响力。少林寺作为少林武术文化的有形资源，既是禅宗的"祖庭"，又是中国功夫的发源地，融合了中国功夫文化和佛教文化、传统建筑和传统中医等众多元素，利用怀旧思想发展怀旧旅游能够吸引更多受众。

Park 等人提出，品牌依恋是消费者与品牌之间的一种认知和情感联系。① 少林武术文化可通过打造怀旧地点、进行品牌差异化定位和品牌宣传，引起受众和品牌之间的情感联系，产生品牌依恋。怀旧旅游的发展可以满足人们的怀旧心理，保留地方文化的血脉，为地方文化旅游创造新的景观。嵩山作为佛教禅宗圣地，少林寺作为中国功夫的发源地之一和全世界著名武术旅游景点，都能够引起游客的历史怀旧情感。对于中国游客来说，少林武术文化怀旧地点的打造能使其获得文化认同、身份认同和情感共鸣。著名电影《醉拳》《少林寺传奇》，以及少林功夫明星在海外的走红使得海外受众与少林寺、少林武术产生情感联结，少林品牌在海外众多国家流行，促进了历史怀旧。少林寺成为典型的怀旧地点。少林寺具有强大的品

---

① C. Whan Park, Matthew Thomson, Deborah J. MacInnis, "The ties that bind: Measuring the strength of consumers' emotional attachments to brands," *Journal of Consumer Psychology* 1 (2005).

牌资产和品牌联想，许多怀旧游客可以从中获得认知价值和情感价值。少林寺作为中国重要的旅游品牌，在文化旅游中发挥重要作用。少林历史文化带来的怀旧感，使游客感受到目的地品牌的重要意义和价值。因此，少林寺和目的地的旅游营销和管理利益相关者应立足怀旧地点定位，根据不同受众制定差异化的品牌定位和营销策略，同时加大少林武术文化品牌产品的研发力度，为受众提供更多个性化、分众化的文化产品和服务，将禅武文化打造成听得到、摸得着、看得见、带得走、想得起、记得住的有形产品。

海外受众对于少林武术文化中的武文化接触更多，将少林武术旅游目的地的打造与少林寺的相关品牌形象相结合，将著名电影的人物、场景和经典情节相联系，提高品牌真实性，更好地激发游客的怀旧认知和情感，让游客看到和体验拍摄地点、现代和传统少林服饰，提高品牌真实性。对于有历史文化相关认知背景的国内游客来说，历史文化遗迹更容易引发情感共鸣。对于历史怀旧地点的打造要注意宣传寺庙的历史文化故事、禅宗文化，增加少林怀旧品牌元素的收集与保护，展示少林武术文化深层次精神内涵，这能够使受众更好地代入怀旧情绪，激发他们的怀旧认知和情感。历史怀旧情绪有利于使受众对于少林武术文化品牌产生更多的依恋，并引发更多的品牌真实性认知，提高对整体品牌的积极评价。

二　打造少林夜间旅游景观，发展少林夜间经济

"夜间经济"一词最早来源于英国，主要是指下午18：00至次日凌晨6：00所产生的购物、餐饮、旅游、娱乐、学习、影视等休闲与服务方面的活动，是以服务业为主体的城市经济在时间与空间上的进一步延伸，夜间经济业态包括夜间购物、休闲餐饮、旅游体验等。夜间旅游是夜间经济的重要组成部分，打造夜间旅游专项产品可以促进夜间经济的进一步发展。宋雪茜将夜间旅游定义为在日落到深夜这一时段在居住地周围或在旅游目的地进行的各种活动，包括欣赏夜晚的景色、参加夜间的游乐项目及在夜间举办各种社交活动等。[①]《关于加快发展流通促进商业消费的意见》

①　宋雪茜：《苏轼夜游及其对现代夜间旅游审美的启示》，硕士学位论文，四川师范大学，2005。

中指出，要活跃夜间商业和市场。鼓励主要商圈和特色商业街与文化、旅游、休闲等紧密结合，打造夜间消费场景和集聚区，完善夜间交通、安全、环境等配套措施，提高夜间消费便利度和活跃度。打造夜间旅游景区和消费场景，夜间经济迎来巨大的发展机遇。在短视频时代，夜间景观和夜间旅游项目的打造，能够吸引大量游客关注，如重庆的洪崖洞景区、西安的大唐不夜城景区在抖音短视频平台获得众多用户关注和喜爱。

少林旅游是少林武术文化传播的重要途径，打造少林夜间景观、发展少林夜间旅游项目能够延长景区游览时间、丰富少林旅游的夜生活，获取游客更多的注意力资源和时间资源，使游客更深入地了解少林武术文化，多方位地体验和感悟少林武术文化特色。打造少林夜间文化景观可以发展少林夜间主题旅游产品，增加景区晚间活动，如少林景区观光夜游、夜游嵩山、少林夜游演艺表演。

目前少林夜间旅游产品以《禅宗少林·音乐大典》沉浸式大型实景演出为品牌，初步探索了少林夜间旅游项目。而我国的夜间旅游形式存在单一性，以夜游主题公园、夜游滨河、灯光秀、夜游演艺以及夜市美食等为主要形式，创新形式较少，这些形式并没有很好地融入景区特色传统文化。发展少林夜间旅游要融合禅武文化，打造特色少林夜间旅游产品，如少林武术文化节日夜间表演活动、少林武术文化场所夜游，满足当今大众对文化体验活动的需求，营造富有特色的夜经济氛围以吸引更多游客。

发展少林夜间旅游也存在一定的局限性，要对景区的基础设施、公共交通等方面加强管理，如对灯光照明、住宿环境、景区安全设施进行完善，加强夜间的公共卫生和治安管理，保障游客的安全需求和生理需求。夜间旅游的时间性和季节性也存在局限性，夜间旅游具有"黄金四小时"，打造少林夜间旅游项目不宜过多，应合理地控制游客少林夜间旅游活动时长。季节性对于夜间旅游的影响也很大，不同季节少林夜间旅游项目所持续的时间长短也不尽相同，《禅宗少林·音乐大典》大型实景表演将山、水等自然景观融入表演，受季节影响，不同时间的自然景观会有不同的效果，演出效果也会产生影响。对于游客来说，夏季观看夜间表演的沉浸感相较于冬季来说更好，有助于感受少林武术文化的深层次内涵。

三　数字少林：沉浸式大型实景演出

沉浸式大型实景演出作为文化品牌的形式，在众多城市和景区中作为名片出现，如桂林的《印象·刘三姐》、丽江的《印象·丽江》、杭州的《印象·西湖》、登封的《禅宗少林·音乐大典》、开封的《大宋东京梦华》等。沉浸式大型实景演出往往能够使受众更好地沉浸在文化氛围之中，提升品牌真实感。

少林武术文化在短视频时代的传播应该关注受众的真实体验，保持地方原始面貌，营造文化氛围，展现少林武术文化特色，从而提升品牌真实性。《少林文化大数据平台建设方案》指出，少林寺将全面进入数字化时代，打造承载文化内涵的数字少林。《禅宗少林·音乐大典》创新少林武术文化的传播方式，舞台艺术、音乐艺术、武术表演、少林武术文化结合先进的"声、光、电"手段阐释少林功夫和禅宗文化，以沉浸式大型实景演出进行少林武术文化品牌传播，将自然资源嵩山作为实地场景，禅文化中的精神内涵"善""和""美""静"和少林武术的精髓都被呈现出来。《禅宗少林·音乐大典》以武功与禅乐为基础，建构了一个怀旧的视听场景，利用感官营销打造大型实景演出。通过多重感官的品牌打造，增强受众的沉浸感体验。通过对感官的直接刺激，影响受众的感知、判断和行为，进一步影响对于少林武术文化的认知和情感，增强对于少林武术文化品牌真实性的感知。

《禅宗少林·音乐大典》在视觉感官上以有形的物理线索来加强对少林武术文化品牌的塑造，保持少林寺建筑风格、武术表演甚至武术服装、武术道具的真实性。"光、电"等艺术形式的结合诠释了少林武术和禅宗文化。在《光乐·禅悟》乐章，灯光技术和现代自动化技术使佛光不断变换，艺术性极强。《禅宗少林·音乐大典》满足了现代受众的审美需求，武僧与少林功夫、禅画辅之舞蹈表演、嵩山古琴、溪流、青山古塔等少林品牌展现少林昔日的道场景况和僧俗对话场景，并以一种全新的视觉形式表现佛教音乐，使受众加深对于少林武术文化的认知。

《禅宗少林·音乐大典》不仅是沉浸式大型实景演出，更是现代化的音乐元素结合民族民间音乐元素的音乐作品，它对于佛教文化、武术文化、禅宗精神文化进行了深度重构。对于听觉感官维度，声音景观既是目的地景观的重要构成，又是受众体验的重要组成部分，是品牌和目的地营销中不能被忽视的感官信息内容。声音景观同视觉景观一样可以对受众起到吸引作用，展现声音蕴含的潜在营销价值。在《禅宗少林·音乐大典》中，"声""音乐"是传播少林武术文化的重要组成部分。嵩山峡谷中湍急的溪流声、奏响的禅乐、清幽的鸟鸣、种种自然声景营造嵩山修禅的境界，体现自然与人文的和谐之美，通过声音景观的隐形传播手段，受众在沉浸感中体会到少林武术文化的内涵。传统音乐和仿古的声音元素更好地把受众带入实景演出。《禅宗少林·音乐大典》总共五个章节，有三个章节以声音景观为主，传播少林武术文化。《水乐·禅境》乐章，以水为主要声音景观，《木乐·禅定》乐章，以木鱼作为音乐景观主体乐器，木鱼作为少林武术文化的有形文化资源，与自然景观巧妙融合。《风乐·禅武》乐章，将风声与武僧习武的声音相结合作为声景主题，用少林武僧棍阵等发出的有力的声音刺激受众的感官。《光乐·禅悟》乐章，利用大提琴的独特音乐特色，营造嵩山少林寺沧桑悲凉的氛围，通过国内外共通的音乐引起受众共鸣。《石乐·禅颂》乐章，以石质乐器作为声音景观主体，配以古钟声和僧人颂歌，加深受众对于少林武术文化的深层次理解和认同。

　　《禅宗少林·音乐大典》虽已建设成为中原文化旅游的知名品牌，但在短视频平台的品牌传播与品牌建设方面严重不平衡，如抖音短视频平台《禅宗少林·音乐大典》官方账号粉丝仅3.3万名，而同类型沉浸式大型实景演出表演《大宋·东京梦华》的抖音官方账号"清明上河园"粉丝达到58.8万名。西安"长安十二时辰"主题文化旅游街区也在抖音上引发用户广泛关注，对于《禅宗少林·音乐大典》的宣传须获得官方重视，并找到核心品牌卖点和进行差异化宣传。

四　打造短视频时代下的新型少林武术文化节日

　　文化节日是弘扬和传承中华优秀传统文化的重要载体。传统文化节日具有悠久的历史、丰富的内涵和广泛的民众基础。现代文化节日往往结合市场需求，融合多元文化要素。河南省政府与登封市等地方政府将少林武术文化列入政府文化产业的重点工程。近年来，河南省政府和郑州市等地方政府先后策划组织众多少林武术文化节日，如国际少林武术节、世界传统武术节，通过打造少林武术文化节日，提升少林武术文化知名品牌的影响力。

从文化角度看，少林武术文化节日能在世界范围内进一步传播少林武术文化；从经济角度看，节日的举办能带来大量融资，节日成为城市名片，文化品牌转化为区域经济竞争力，为城市经济发展助力；从旅游角度看，少林武术文化节日参与体验性较强，对少林旅游地进行宣传；从传播角度来看，少林武术文化节日是一种文化品牌，区域品牌彰显区域形象，是提升知名度和影响力的工具。传统的少林武术文化节日和庆典的打造往往趋向大型化、世界化，如中国郑州国际少林武术节，集武术、旅游、文化交流于一体，不仅有武术竞赛，还将少林武术和群众演艺、武术培训、武术器械展示、武术文化论坛举办等充分融合。该国际少林武术节自举办十二届以来规格逐渐提高，其影响力也在不断提高，成为推动少林功夫走向世界的一股强大助推力，实现了面对面直观普及和推广少林功夫，进一步在国际上传播了少林武术文化。传统的少林武术文化节日致力于在世界范围内传播少林禅武文化，面临一定程度上的局限性，如节日过于大型化，举办周期长；节日的世界化也使得参与人员具有较高的武术文化修养和不同文化的传播隔阂；宣传以官方电视媒体和纸媒报道为主，没有很好地利用短视频媒体平台，未能引起短视频用户的广泛关注。

在短视频时代，少林武术文化的创新传播可以通过打造新型的少林武术文化节日进行少林武术文化节日营销，为少林武术文化造势。新型少林武术文化节日的打造要注意符合短视频时代下的受众需求，用轻松、活力的短视频表达方式展现禅武文化的精神。把传统文化的传播仪式感转化为用户的文化参与感，通过"网红打卡"等现象吸引年青一代受众的注意力和引发情感共鸣，使受众在仪式感和参与感中参与到文化节日的传播中来。少林武术文化节日的推广应与短视频平台合作，政府或少林寺要重视对于少林武术文化节日的宣传工作，创新传播少林武术文化的表达方式，可利用短视频平台制造节日话题营销，制造热点话题，打造全民参与式的少林武术文化节日，引发全民关注，为少林武术文化赋予新的时代内涵。在短视频平台中上传与节日有关的贴纸、特效等，拍摄、制作和发布与节日有关的短视频内容，利用短视频平台的节日话题热点获得其他用户的关注，引发模因效应。短视频用户基于个人的个性化人设展演、社交需求和文化身份认同，自发参与少林武术节日文化的传播。新型少林武术文化节日的宣传要融入少林武术文化品牌，采用统一的品牌宣传策略定期宣传，保持节日热度。

少林武术文化节日的打造要深入挖掘少林武术文化品牌资源。除少林拳、少林棍、七十二绝技、达摩易筋洗髓经等知名度较高的少林武术文化外，还有众多禅武文化资源没有得到很好的开发。少林武术作为国家级非物质文化遗产，依前人所传有360余门功法，但目前仅有100余种在少林寺保存流传，很多武术功法面临失传。新型少林武术文化节日的打造不仅要对禅武文化进行进一步传播，也要对于少林武术非物质文化遗产进行宣传。可利用短视频平台打造新型少林武术文化节日，与民间武术艺术家、少林武术传承人进行互动，开展少林武术文化抢救工程，同时对散佚各村的传统少林武术套路、功法进行整理，对历代著名民间拳师的轶事进行搜集，借助短视频提升传播效果，引起广泛短视频平台用户的关注。新型少林武术文化节日作为少林武术文化社会资源，可进一步带动少林武术文化资源的开发。打造少林武术文化节日要将少林武术文化自然资源如嵩山，少林武术文化资源如寺庙、石碑等融合在一起，深入传播少林武术文化。

少林武术文化节日的打造应与怀旧旅游项目相结合、与少林旅游品牌营销相统一，线上、线下活动相结合，将其作为吸引节日活动参与者的重要载体。少林武术文化节日的打造可结合少林旅游的差异化品牌营销策略，激发不同受众的历史怀旧情感需求，从而催生新的节日旅游产业形态，满足不同受众的市场需求。对于海外受众来说，《少林寺》《醉拳》是他们接触少林武术文化的主要渠道和记忆载体，少林武术文化品牌一直以来以武文化强势输出，禅文化处于传播不平衡的状态，因此利用武文化对海外受众进行节日打造更易激发受众怀旧情绪，如可利用少林武术明星宣传、少林武术文化节日打造将著名电影的人物、场景和经典情节相联系，激发受众的怀旧认知和情感。对于国内受众来说，少林禅武文化能够激发中华民族认同感和自豪感。少林武术文化节日面向国内受众要宣传历史文化故事、禅宗思想，利用禅宗文化底蕴，特别是少林禅武文化，引发受众情感共鸣，激发受众历史怀旧情绪，重构记忆和想象以弥合认同危机。

本章小结

短视频时代为少林武术文化的传播提供了新的机遇和挑战。作为中华优秀传统文化的重要组成部分，少林武术在全球化与数字化的背景下，面临保持其文化内核与适应现代传播方式之间的矛盾。通过本章的分析，可以看出少林武术文化在短视频平台上的传播呈现多元化趋势，包括传统武术的展示、禅文化的隐性传播，以及年轻化、时尚化的创新表达。然而，传播过程中也出现了禅文化淡薄化、武文化泛滥、整体认知形象不平衡和品牌开发不足等问题。

短视频平台为少林武术的传播打开了广阔空间，少林网红账号、动漫形象和音乐等形式为其注入了新活力。特别是少林网红账号的崛起打破了传统少林寺与世隔绝的刻板印象，通过直播和短视频，少林武术文化得以更贴近现代受众生活。但与此同时，禅文化的传播显得相对薄弱，禅武文化的平衡性未能充分体现，导致其精神内涵在传播中逐渐流失。商业化趋势在短视频时代愈发明显。虽然商业化促进了少林武术文化的市场推广，但过度商业化导致其精神内核的淡化，武文化表演性质增强，禅文化的深度传播受到限制。此外，少林武术文化在短视频平台上的整体认知形象存在不平衡。虽然少林寺作为禅宗祖庭和武术发源地享有极高知名度，然而其他相关文化资源，如嵩山和塔林，未能得到充分开发与宣传。未来的传播应更加注重禅武文化的平衡，避免过度商业化，提升整体认知形象的均衡性，并通过官方与民间传播的协同，打造更具影响力的文化品牌。只有在保持文化内核的同时，积极拥抱现代传播方式，少林武术文化才能在全球化与数字化浪潮中焕发新生，重新迎来高光时刻。

第三章　短视频与中原民俗文化传播

　　民俗文化是地方传统文化的重要构成元素。自党的十八大以来，以习近平同志为核心的党中央高度重视传承和弘扬中华优秀传统文化，明确提出"推动中华优秀传统文化创造性转化、创新性发展"的指导方针。在媒介技术不断革新的移动互联网时代，利用新的媒介形式创新传统文化的传播内容和形式，实现其意义和价值重塑，已经成为新时代发展的重要任务之一。2021年5月6日，文化和旅游部印发的《"十四五"文化产业发展规划》明确提出，要推进文化产业创新发展，支持文化文物单位、景区景点、主题公园、园区街区等运用文化资源开发沉浸体验项目，发展演艺、展览等新业态，推动文化产业融合发展，促进文旅融合发展，坚持以文塑旅、以旅彰文，推进"文化+战略"①。

　　民俗文化是中华优秀传统文化的一部分，民俗文化既是历史的，也是现实的，不仅有源远流长的文化承载，也在历史的演进中存续。民俗文化的呈现与继承从始至终离不开民间的生产活动和日常生活，民俗文化总是基于特定的生产生活背景，在历史和时代的变迁与演进中，不断承载新的历史文化内涵，从而进行自我调整，以适应时代的发展进程。在当今的互联网时代，互联网的广泛应用完全改变了人们的生活，同时改变着人们生产生活的思维方式，催生了很多新的文化意象。网络民俗是以传统民俗文化为基础，以网络技术手段和语境为载体，由互联网用户创造、享受和传

---

① 《文化和旅游部关于印发〈"十四五"文化产业发展规划〉的通知》，红河州文化和旅游局官网，2021年7月6日，http://www.hh.gov.cn/zfxxgk/fdzdgknr/zdlyxxgk_1/lysczxhfw-zlxxgk/lysczcfg/202107/t20210706_530678.html。

承的新兴文化①。

随着移动互联网的发展和媒介技术的革新，视频成为主要的内容呈现形式，短视频的兴起为民俗文化的创新传播提供新的发展契机。据 CNNIC《第 49 次中国互联网络发展状况统计报告》，截至 2021 年 12 月，我国短视频用户规模为 9.34 亿人，占网民整体的 90.5%。易观千帆于 2021 年的调查数据显示，短视频综合平台 12 月活跃用户为 8.47 亿人，其中抖音、快手分别以 6.58 亿、4.53 亿月活跃用户人数保持明显领先优势。短视频凭借庞大的用户流量和灵活的传播形式为弘扬中华优秀传统文化提供了新渠道，民俗文化在短视频平台的发展潜力是可观的。如何顺应时代要求，不断提升民俗文化价值潜能，促进民俗文化在短视频新媒介时代的活态保护、传承与发展，是本章要着力探讨的问题。本章将抖音平台中中原民俗文化短视频以及洛阳牡丹花会短视频的展演作为分析样本，研究中原民俗文化的短视频展演的呈现方式、中原民俗文化短视频的传播现状、中原民俗文化短视频生产和传播中存在的问题，以及有针对性地提出中原民俗文化短视频的传播优化策略，以期推动中原民俗文化利用短视频媒介更好地实现创新发展。

第一节　中原民俗文化简介

一　中原民俗文化

民俗起源于人类的日常生产和生活，是某个地区或民族中的大众所创造、共享和传承的生活文化，起源于群体生活的社会需要，在特定的族群、时间和空间中形成并不断扩展和演变②。民俗类文化活动是随着日常物质和精神文化需求产生的，是人们基于日常生产与生活，以非物质形式进行的民间表达，并且在长期的继承与传承过程中，逐渐发展成为一种地方性仪式化的秩序民俗而流传下来。民俗活动属于非物质民俗文化景观，

---

① 杨秀芝：《"互联网+"视野下的民俗文化活态化研究》，《中南民族大学学报》（人文社会科学版）2018 年第 2 期。

② 钟敬文主编《民俗学概论》，上海文艺出版社，1998，第 4 页。

中原民俗文化主要包括太昊陵庙会、浚县古庙会、马街书会、洛阳牡丹花会、汴绣、朱仙镇木版年画、南阳玉雕、濮阳杂技等。

（一）庙会文化

庙会文化源于我国古代的祭祀活动，在中原腹地河南，很多庙会民俗活动一直被传承了下来，人们至今仍然会通过这种独特的仪式来祭拜和缅怀祖先。河南的庙会除了周口的淮阳太昊陵庙会与浚县古庙会，还有郑州的城隍庙庙会和文庙庙会、洛阳的关林春节庙会、开封的清明上河园和万岁山春节庙会、安阳的道口火神庙会、漯河的中原河上街庙会、平顶山的中原大佛春节庙会、鹤壁的华北第一大古庙会、浚县大伾山古庙会、商丘的火神台庙会、济源的春节文化庙会等。河南的庙会举办时间主要集中于阴历新年前后以及深秋丰收结束后的农闲时节。周口的淮阳是"太昊之墟"，太昊陵庙会在周口市淮县境内，时间在农历二月二到三月三，历时一个月，拜人文始祖，祈求风调雨顺，号称是香火最旺的庙会，因为 2008 年某日单日参拜人数列全球第一，被载入吉尼斯世界纪录。

庙会这一种民俗文化，最初是"以寺庙为依托，以宗教活动为动因，以集市活动为表现形式，融艺术、游乐、经贸等活动为一体的社会文化现象"[1]。随着时代的发展，民俗文化也发生了相应的改变，这种变迁主要表现在庙会活动内容、组织方式与活动方式几个方面。在活动内容方面，过去传统的庙会活动内容以祭神拜祖为主，而当今的庙会活动内容以娱乐与经贸为主，主要表现在欣赏各种表演节目，包括戏曲、歌舞、杂技等表演，以及其他现代性的娱乐项目；组织方式的变迁主要体现在主体的参与从自发变为自觉，与过去相比，现代人们参加庙会的主体意识更强，除此之外，庙会的组织者将庙会组织得更加秩序化和现代化，庙会上的商贸活动更加组织化和规范化，相关负责者也会不定期或定期举办文化节等活动吸引游客，实现经济效益和社会效益的双赢；在庙会活动方式方面，主要受益于现代化技术的发展，交通更加便利，庙会中灯光的运用，使庙会更

---

① 林耀华：《民族学通论》，中央民族大学出版社，1997。

加现代化、更具科技感①。

（二）民艺类非物质文化遗产

民艺类非物质文化遗产主要包括传统表演艺术和传统手工技艺两种形式。开封汴绣、朱仙镇木版年画、南阳玉雕属于传统手工技艺类，而马街书会和濮阳杂技属于河南民艺类非物质文化遗产中的传统表演艺术类别。民艺类非物质文化遗产具有地域性、民众性、传承性、活态性与脆弱性等特点，不仅具有较高的历史文化价值，同时具有很高的审美艺术价值。河南是中华文明的发源地，很多中华文化传统艺术来源于中原文化，中原文化是很多非物质文化的重要源起，具体可以细分为民间舞乐、民间美术、民间手工技艺、民间杂技与竞技等类别。民间美术除了朱仙镇木版年画之外，还有黄河澄泥砚、洛阳宫灯等；民间杂技除了马街书会和濮阳杂技外，还有少林功夫、东北庄杂技等。

开封汴绣在 2006 年被确定为河南省首批非物质文化遗产之一，2008年被收录进第二批国家级非物质文化遗产名录。汴绣是在宋代刺绣的基础之上发展而来的，广泛吸取了民间刺绣手法。在题材和主题上，以绣名古画见长。它继承了宋绣的题材、工艺特点，借鉴了宋代绘画的色彩风格，吸收了河南民间刺绣的乡土风味，并在此基础上创新了大量针法。近年来，汴绣技艺扶贫工程也在开展中，在贫困村镇进行刺绣技术扶贫工作；开办公益教学，在汴绣绣工中培训绘画技艺，培养年轻人的兴趣爱好。朱仙镇的木版年画是中国木版年画的鼻祖，兴起于北宋，以历史戏剧、演义、小说、神话故事和民间传说等为主要题材。朱仙镇木版年画被选为第一批国家非物质文化遗产，并在 2009 年被外交部确定为国礼。南阳玉也叫"独山玉"或"南玉"，产于河南省南阳市城区北边的独山，南阳玉历史悠久，古人在新石器时代已经开始利用和雕琢了，之后玉文化逐渐繁荣起来，在朝代和时代的更迭中，南阳玉技艺也在不断精进和完善，形成了自己独特的艺术风格，最终形成南阳玉这一地方民艺文化②。

---

① 李秋香：《河南庙会文化及其当代变迁》，《中南民族学院学报》（人文社会科学版）2002年第 1 期。
② 王高兴：《名玉之南阳玉雕》，《农家参谋》2017 年第 8 期。

马街书会同样是我国首批非物质文化遗产，也被当地人叫作"十三马街书会"，是一个民间曲艺的行当会，地点在河南宝丰。马街书会拥有 700 年的悠久历史，最初是民间的曲艺艺人在每年的正月十三从各地来到宝丰，自发聚会，以曲会友。随着观众群的流失以及曲艺市场的没落，马街书会的说书艺人纷纷改行，马街书会逐渐走向了衰落。2006 年以后，各级政府开始对马街书会进行保护，并在书会期间举办全国民间艺术大赛等赛事，以此为马街书会添加生机与活力①。濮阳被称为"杂技之乡"，与河北吴桥并称为"中国杂技南北两故里"。濮阳杂技起源于春秋，兴盛于明清。濮阳杂技从街头杂耍发展成重要产业，濮阳也精心打造杂技教育园区、演艺园区等②。《水秀》《狮林春光》《女子大排椅》《攀登》等一批精品剧目在中国金菊奖杂技大赛、巴黎国际杂技大赛等国内国际大赛中屡获佳绩，吸引了世界各地的演出运营商到濮阳洽谈合作。

二　洛阳牡丹花会

洛阳被称为"牡丹花城"，1983 年第一届洛阳牡丹花会成功举办。牡丹文化全面发展是在唐朝，牡丹的繁华与浓烈与当时人们的审美与志趣追求相一致，赏牡丹花成为一大盛事。有关赏花的花事活动达到鼎盛是在宋朝，宋朝钱惟钟爱牡丹，并开创了我国首次由官方组织的牡丹观赏盛会"万花会"，在鼎盛时期，宋朝的人们称牡丹为"洛阳花"。牡丹花事的繁荣与朝代的稳定息息相关，在动乱时代，人们对牡丹花的关注度会大大降低。改革开放之后，洛阳政府开始重振牡丹相关节事与产业，并通过人工花期控制、品种引进等方法延长牡丹花的花期，进而调整牡丹花会的花期，使花会的花期从第一届的 10 天逐步调整为现在的 1 个月左右。随着城市的发展和转型，洛阳花会文化节的活动也逐渐从单纯的赏花活动向旅游和文博等活动延伸。2011 年，洛阳牡丹文化节升级为国家级节庆，洛阳牡丹文化节逐渐突破了传统单纯意义上的牡丹花会。2015 年，第 33 届中国洛阳牡丹文化节在洛阳举行，以"相约千年帝都，共享国色天香"为主

---

① 李晓燕、宗丽洁：《初探"马街书会"》，《音乐探索》2009 年第 1 期。
② 宋松梅：《濮阳杂技：河南重要的文化名片》，《农家参谋·新村传媒》2014 年第 1 期。

题，以"牡丹为媒，文化为魂"为理念。现在，牡丹花会已成功举办了 40
年，牡丹花会的会期一般在四月上旬到五月上旬，2021 年第 39 届花会期
间游客总人数达 3048.43 万人次①。

　　洛阳牡丹花会深深植根于河南洛阳当地的文化传统，洛阳牡丹花不仅
仅是洛阳市的特色，而且已经成为洛阳市的一张响亮的城市形象名片。洛
阳牡丹花会作为一个隆重盛大的文化节，兼具旅游节庆的功能和任务。因
此，一个特色鲜明的文化主题是文化节应该具备的，要使游客和观光者情
不自禁地沉浸于某种特色文化即牡丹文化中。牡丹是我国的传统名花，被
赞誉为"花中之王"，从古至今，牡丹成为历史中众多文人墨客、才子将
相创作诗词歌赋的素材，承载了贯穿古今的情怀与文化精神。近年来，在
洛阳出土的东汉时期墓葬中的陶器上，已经出现了牡丹的抽象图案。在东
晋顾恺之的《洛神赋图》中，洛水之滨的几株牡丹，花朵硕大；到魏晋南
北朝时期，牡丹图案在出土文物上出现得更为频繁。这说明洛阳的牡丹种
植历史比较悠久。牡丹文化源远流长，在朝代更迭中，洛阳积淀了深厚的
牡丹文化，牡丹的姿态、承载的意蕴，以及象征性，共同塑造了牡丹文
化。在宣传方面，洛阳市对牡丹花会进行了全方位的宣传。除了充分利用
传统媒体，在电视台、电台和报纸上进行宣传外，还迅速建立了牡丹花会
的专题网站，到外地设立旅游办事处、参加旅游展览会、组织巡回旅游促
销等，花会期间不仅组织本地新闻媒体针对花会做大量报道，还请来像新
华社、《人民日报》、中央电视台等颇有影响力的外地媒体来洛阳，对花会
进行全面而深入的报道。

　　洛阳牡丹花会是为数不多长盛不衰的民俗文化，除了洛阳丰厚的历史
文化底蕴、独特而极具魅力的牡丹文化以及全方位的宣传之外，文化节活
动内容的丰富多彩也是重要因素。牡丹花会的开幕式向来是整场花会的重
头戏，开幕式从形式到内容不断创新，不仅突出地方特色，同时紧扣时代
主题。花会期间，观赏者围绕牡丹开展赏花、观灯、作画、赋诗等文化活
动。2022 年是洛阳牡丹花会成功举办四十年，洛阳举办了一场云展览，主
题为《一朵花艳一座城——见证洛阳牡丹花会 40 年》，在此次线上展览中

---

　　①　张絮：《洛阳牡丹花会的前世今生》，《大众文艺》2022 年第 9 期。

回顾了历届花会的盛况。观赏者通过 800 多件藏品见证了洛阳牡丹花会，感受了洛阳这座古都的非凡变化。展览用一张张赏花公园门票、照片、演出节目单，以及牡丹花会会徽、证件等，讲述从"牡丹花会"到"中国洛阳牡丹文化节"的变迁，将洛阳牡丹花会的历史划分为三个阶段。第一个阶段从 1983 年到 1990 年，为"确立品牌"阶段。1983 年，第一届洛阳牡丹花会成功举办，古都洛阳再现"花开花落二十日，一城之人皆若狂"的景象。在这 8 年间，洛阳牡丹花会经历了从诞生到逐渐闻名中原、走向全国的过程。第二个阶段从 1991 年到 2011 年，洛阳搭台、全省唱戏。在 1991 年的第九届洛阳牡丹花会上，洛阳牡丹花会正式更名为"河南省洛阳牡丹花会"，在这之后，牡丹花会由河南省人民政府与洛阳市人民政府共同主办，这种"洛阳搭台、全省唱戏"的崭新模式，使洛阳牡丹花会逐渐发展成河南省对外开放的重要窗口和平台。第三个阶段从 2012 年至今，为"升级拓展"阶段。2010 年 11 月，经国务院和文化部正式批准，洛阳牡丹节升格为国家级节会，并正式更名为"中国洛阳牡丹文化节"。

第二节　中原民俗文化短视频的传播现状

一　中原民俗文化短视频的传播现状

吉尔兹认为，任何不能自证自身的艺术符号，只是属于自然史领域，而能够自证自身的符号和象征，则是意义的媒介，在社会生活中或社会的一部分里扮演自己的角色，简言之，艺术符号为社会和地方注入了生命[1]。在短视频时代，这种独特的极具魅力的艺术符号能够通过短视频进行呈现。本研究选择了抖音短视频平台作为研究对象，本节将研究中原民俗文化如何通过短视频形式进行呈现，中原民俗文化的非物质性与短视频媒介的物质性是如何结合的等。

2019 年，抖音平台发起了"非遗合伙人"计划，通过加强流量扶持、

---

[1]　〔美〕克利福德·吉尔兹：《地方性知识：阐释人类学论文集》，王海龙、张家瑄译，中央编译出版社，2000，第 154 页。

提高变现能力、打造非遗开放平台以及开展城市合作等方式，全方位助力非遗传播。"非遗合伙人"计划起到了良好的效果，2020年抖音关于非遗的数据报告显示，截至2020年5月底，在1372个国家级非遗项目中，抖音涵盖了1318项，涵盖率达到96%，非遗相关视频数量超过4800万个，播放量超过2000亿次，获得点赞超过64.8亿个。根据《2021抖音数据报告》，1557个国家级非遗项目的抖音覆盖率为99.42%，非遗相关视频数量同比增长149%，累计播放量同比增长83%，传统文化类主播收入同比增长101%。

从2021年6月到2022年6月，以一年为统计时间，抖音平台上关于"河南民俗"的短视频数量为914个，总获赞数为49.58万个。在2021年一年中，关于"河南庙会"的抖音短视频发布数量为384个，总获赞数58.57万个。而"太昊陵庙会"标签的抖音短视频数量达到532个，总获赞数达到178.5万个。其中账号"航拍郑州"发布的以"太昊陵庙会"为标签的短视频播放数达到10.2亿次，获赞数3.5万个，视频全长10秒钟，视频标题为"这里是中国-淮阳！"视频由三段几秒钟的太昊陵庙会盛况的航拍视频构成，评论热词包括"淮阳""庙会"等。与太昊陵庙会相比，浚县古庙会的视频数量与播放获赞数都较少，2021年相关视频总数仅有97个，总获赞4.58万个，此情况的出现可能与2022年庙会停办相关，取消时间范围限制后，搜索到浚县庙会的相关短视频共178个，总获赞数为54.4万个。在浚县庙会短视频中，获赞最高的为普通个体用户发布的一段几秒钟的庙会中踩高跷表演视频，获赞量高达17.4万个。获赞量紧随其后的是账号"淮南之南"发布的带有"国家级非物质文化遗产""民俗文化""浚县古庙会"标签的短视频。而关于马街书会的抖音短视频中，账号"宝丰非遗"专门上传与分享马街书会的科普短视频，以剧集形式对马街书会做了一段段生动的小科普，同时会发布一些线上公开课等。"宝丰非遗"是平顶山说唱文化生态保护发展中心的官方账号，账号目前拥有10w+粉丝，总获赞数为48.3万个，其中单个视频最高赞数为8.9万个，该视频是对马街书会的科普短视频，视频中展示了马街书会的传统、表演的热闹场面以及演艺人员的幕后故事，对马街书会做了生动全面的展示和科普。

而在抖音平台民艺类非物质文化短视频的呈现中，汴绣的相关视频有
460 个，但以"汴绣"为话题和标签的视频仅有 108 个，单个视频最高获
赞 1.1 万个，该视频内容为对开封汴绣大师的采访。关于"朱仙镇木版年
画"的短视频有 41 个、"南阳玉雕"短视频有 362 个、"濮阳杂技"短视
频有 203 个。根据以上数据与资料可以初步判断，在抖音平台中，河南民
艺类非物质文化短视频的呈现存在数量少、吸引力不足的问题。

二　洛阳牡丹花会的抖音短视频展演

米尔顿·辛格认为，"文化展演"包括音乐会、讲演、戏剧，也包括
仪式和节日①。国内学者认为，"展演"不仅仅是一种"仪式表演"，更是
更广泛意义上的一种"文化展演"。理查德·鲍曼认为，"文化展演"特别
的地方在于其表演聚焦在社会群体体验中的一个突出主题，如民族、历史
事件、宗教关怀或体育比赛等②。本书借鉴了江凌和严雯嘉对于文化展演
的分类，即符号化展演、场景化展演和风格化展演③，来考察洛阳牡丹花
会的抖音短视频展演。

在抖音短视频平台中以"牡丹花会"为关键词进行检索，检索到的短
视频有 730 个，总获赞数为 42.26 万个，其中洛阳牡丹花会短视频有 390
个。在抖音平台中"洛阳牡丹花会"的话题下，"洛阳牡丹甲天下""洛
阳牡丹花会节""直播洛阳牡丹花会"是关注度最高的三个相关话题，分
别有 8.4 亿次播放、310.3 万次播放和 101.7 万次播放。其中关注度最高
的"洛阳牡丹甲天下"话题由洛阳市委网信办主导创建，该话题下共有
266 个短视频，筛选掉与洛阳牡丹花会基本无关的 2 个短视频，总共有效
的短视频有 264 个，其中 7 个短视频由官方账号"精彩洛阳"发布，以洛
阳建筑、景色等为视频主要内容，配以相关诗词作为背景音；剩余 257 个

① Singer, Milton, B., *When a great tradition modernized an anthropological approach to Indian Civilization*, New York: Praeger, 1972.
② 〔美〕理查德·鲍曼：《作为表演的口头艺术》，杨利慧、安德明译，广西师范大学出版社，2008。
③ 江凌、严雯嘉：《以文化展演践行少数民族青年文化自觉——以凉山"悬崖村"彝族青年手机直播及短视频为例》，《传媒》2020 年第 1 期。

短视频都是由普通用户发布的牡丹花变装特效短视频，用户做出戏剧表演中的换脸动作，就可以体验不同的牡丹花头饰特效，这些短视频的用户以女性为主。而在由非官方主导的话题“洛阳牡丹花会节”与“直播洛阳牡丹花会”，关于牡丹花会的短视频内容更加丰富多样，包括游客的 Vlog、洛阳花会上临摹牡丹的情景、牡丹花茶采摘、牡丹花扇绘制、明堂表演、灯光秀、演出等更加具有趣味性和可观赏性的活动，涉及的元素更加多样，包括牡丹花、绘画艺术、汉服、表演、灯展等。

（一）洛阳牡丹花会短视频中的符号化展演

景观是一种文化形象，一种代表周围社会与环境的图像方式，但它不是静态的，它能唤起人的感觉情感和地方特色，也是一种文化过程①。民俗艺术中的图像、手工艺、歌舞、音乐、仪式、建筑、服饰、装饰等，既可以展示静态的景观，也可以展示动态的景观。景观体现了文化的识别功能，符号则成为传递信息的源泉。当人们在面对或进入一种文化时，会出现个体与特定文化或者个体与个体之间的交流，这种交流主要由携带意义的象征性的符号构成。本章将符号划分为象征符号、视觉符号和听觉符号三种，并对具有表征性的三类符号进行分别讨论。

（1）象征符号

象征符号是各种各样仪式的重要构成元素，更多的仪式符号是“象征符号”。仪式中的象征符号具有组合和重组的能力②。涂尔干认为，仪式的主要目的是“确保集体意识之持续性，确认自己和他人同处于一个群体之中”。仪式提醒人们集体意识高于个人意识，并通过语言和行为将离散的社会部分组成有机体。洛阳牡丹历史悠久，距今已经有 1600 多年的历史，洛阳牡丹花会也成功举办了 40 年。牡丹文化深刻地影响了人们的生活习俗习惯，包括牡丹诗词、书画、传说、服饰等，这些与生活习俗相关的符号因此具有了象征性。

---

① E. Hirsch and M. O'Hanlon, *The anthropology of landscape: Perspectives on place and space*, Oxford University Press, 1995.

② 薛艺兵：《仪式音乐的符号特征》，《中国音乐学》2003 年第 2 期。

（2）视觉符号

"读图时代"是哲学家海德格尔在 20 世纪 30 年代提出的一个概念，但海德格尔并非"世界以一个图像的形式展开"，而是"人们以图像的方式来获取对世界的认知"。我们很早就进入读图时代，被置于无处不在的影像之中，包括现实环境与虚拟的网络环境中，随着互联网的发展，已经从读图时代转向短视频时代，且出现了 UGC、PGC、PUGC 等更迭迅速又丰富的生产方式。文化展演具有表演的性质和特点，表演者会通过特定的妆造、服装和舞蹈，在特定的场景中进行表演。洛阳牡丹花会的短视频展演包含了大量表演的元素，很多视频中都出现了专业的或者非专业的表演者，她们身穿汉服，长衣广袖，以一些具有地方特色的建筑为背景表演古典舞蹈，这种表演不仅满足了观看者的视觉化享受，同时通过这种视觉表达将观看者带入洛阳牡丹花会的语境之中，这种视觉展演很好地对洛阳牡丹花会进行了呈现。

（3）听觉符号

用户在上传短视频时往往配有背景音乐，而在选择背景音乐时，需要注意背景音乐与视频内容的适配度，考虑背景音乐能否在当前呈现的基础上给予观看者更好的视听体验。听觉符号具有抽象性和直觉性，抖音平台上的音乐可以先从整体中剥离，再进行重构。在拟态的时空中，视觉符号主要表现在空间上，而听觉符号主要表现在时间上。短视频与图文或未经处理的长视频相比，运用了蒙太奇的艺术处理手法，将画面与声音打碎重新加以整理和重构，这其实也是建构新时空的过程，继而形成独特的媒介景观。在洛阳牡丹花会的短视频呈现中，上传者通常会选择与牡丹相关的戏曲或传统的古典音乐，如《洛阳牡丹》《春三月》《清平乐·禁庭春昼》《洛阳牡丹甲天下》《桃花山》《陌上花开》《牡丹之歌》《绝世舞姬》《百花深处》等。

（二）洛阳牡丹花会短视频中的场景化展演

市场营销是"场景"概念的来源之一。在管理学中，消费行为都是在特定的场景中进行的，场景向消费者提供了一定的认知服务，场景会影响主体对于产品或者服务的感知，从而影响主体的消费行为，因此会出现我们所说的"场景营销"。场景化即展演场景与展演空间，展演空间在一定程度上为短视频展演带来了语境。不仅是在管理学中，任一特定文化的传播过程都需要语境，语境包括实体和虚体，这里的实体就可以是场景的建构。文化中的仪式和节日形成了一种文化表演，在手机镜头的聚焦下个体被置于全视图中，得当的充分的场景化展演能够使短视频内容看起来更加生动和鲜活。

在"洛阳牡丹花会节"与"直播洛阳牡丹花会"的话题下，很多个人用户上传的洛阳牡丹花会短视频都有较高的趣味性与可观赏性，比如展示游客或艺术家在画布上临摹或创作牡丹花的过程、夜晚的灯光展、身着汉服的演员的舞蹈表演等。但同时存在一定的问题，比如这些用户个体创作的短视频中的场景容易简单化、粗糙化，且千篇一律，造成同质化现象。而在"官方创立的话题""洛阳牡丹甲天下"下，官方上传的 7 条短视频专业性较高，场景与内容搭配，场景的取景和拍摄都经过精心构思和设计，且在场景方面，由于政府官方拥有更便利的技术资源和优势，官方上传的短视频能够充分地展示具有更佳视听体验的场景；除了官方发布的短视频外，该话题下的大多数短视频还是由用户个体发布的，在这些短视频中，洛阳牡丹花会的现实场景已经极其淡化，关于洛阳牡丹花会的元素极其稀少，短视频中与洛阳牡丹花会相关度最高的元素是抖音平台中嵌入的牡丹花头饰及文字特效，这些视频特效的组合也构成了线上的虚拟场景，但是相对于由现实场景与视频技术元素相结合打造的短视频来说，这类单纯由线上虚拟场景提供的信息价值、文化价值以及情绪价值都远远不足。

因此，在场景化展演维度，政府官方不仅是创作者，还应是合格的组织者，应统筹多方力量。在制作与上传短视频的过程中，不仅需要考虑上传的便捷性，以鼓励更多短视频用户加入创作；还需要考虑观看者的观看体验，在使普通用户能够简单快速上传的同时，保证短视频内容的视听体验与场景化设置。只有当传播者积极上传高质量短视频，而观看者乐于且善于接受视频内容的时候，传受双方才会通过短视频的展演产生更多互动与交流，从而达成一个好的传播回路，创造更高的传播效益。

（三）洛阳牡丹花会短视频中的风格化展演

特定主题的短视频展演总是具有独特的风格，这种独特风格在很大程度上来源于文化本身的意蕴和独特魅力，短视频展演蕴含的语言风格或内容风格都来源于该文化系统，深深植根于该文化传统之中。洛阳牡丹文化开始和盛行于隋唐时代，在宋朝达到顶峰，洛阳牡丹有"甲天下"的美誉。洛阳牡丹文化历经数次朝代变迁，历史悠长，且发源于人们的日常生产生活，已经深刻地与人们的精神文化生活交融在一起。主题画作、诗词歌赋、传说故事、文化象征等，从东晋画家顾恺之的牡丹画到当今洛阳书画界的众多牡丹画作品，无一不寄托着人们心目中的铮铮铁骨和对富贵安康的期盼；牡丹诗词也是牡丹文化宝库中的瑰宝，从古至今，有关牡丹的诗词歌赋灿若烟霞；牡丹的风格和风骨也点燃了人们的创作激情，它不畏权贵、傲霜斗雪的精神引发了无以数计的传说故事；牡丹富贵吉祥的寓意和人们对美好生活的向往使牡丹文化体现在人们生活中的方方面面，如歌曲、壁画、砖雕、木雕、瓷器、丝绸、剪纸、年画、服饰等方面。

除了文化本身的风格外，不同主体的短视频创作者也拥有不同的创作视角，每种视角赋予短视频不同的特色和风格，而这些不同视角的短视频形成一种更宏观、更宏伟的风格。这种风格的区别大致可以分为语言风格的差异和内容风格的差异。语言风格不仅仅是指创作者在创作短视频时选择的背景音乐等，也包括短视频的标题和创作者在视频中所使用的语言，这种语言风格的差异性在不同的视频平台中会表现得更加明显，因为不同的视频平台本身有自己的一套语言逻辑，而用户是在这种语言逻辑的基础上将自己的语言风格嵌套进去。在内容风格层面，民俗文化短视频最突出的内容风格就是展演，是对民俗文化中所含要素或要素组合的展示与呈现。内容风格的差异不仅与创作者主观的创作意图有关，也会受创作者个人的客观条件所影响。创作意图是指创作者上传短视频的主要目的，如果侧重于吸引流量以达成变现，那么其内容风格就容易受粉丝和流量的影响，更重视经济效益，内容逐渐与同类别的火爆短视频趋同，流于同质化；如果目的侧重于传播和分享优秀的传统民俗文化，那么创作者会更重视文化价值的呈现和内容本身的表达。

第三节　中原民俗文化短视频传播中存在的问题

一　短视频展演内容流于表面，内涵不足

碎片化是短视频媒介的一大典型特征，短视频适应新媒体时代的传播方式，时长短节奏快，符合用户利用碎片时间刷短视频的生活方式和快节奏的生活状态。短视频传播在扩大传播范围的同时，浅化了传播内容，短、平、快的特点决定了短视频承载和表达的内容与信息的深度存在上限。因此，中原民俗文化很难将民俗文化背后的传统与深厚的情感羁绊表达完全。不可否认的是，传统民俗文化借力于短视频媒介，被更多人所认识、所关注，但短视频为传统民俗文化提供的是一种模糊性的关注，这是由短视频本身短、平、快的特点决定的。抖音平台中关于洛阳牡丹花会的短视频中，对于牡丹文化了解不够的观看者或许只能感受到短视频传达的直白的视听氛围，而不能体会到更深层的独特文化。

另外，短视频展演的"表面性"由视频与观看者的互动产生，这里就存在了媒介物质性与民俗文化非物质性之间的冲突，智能手机和短视频界面的设计为用户提供了平滑的使用体验，"刷"短视频这种只需要下滑或上拉行为的平滑性降低了用户在观看时对信息的敏感度和忠诚度，使得用户难以对特定的短视频付出持续的注意力，这导致对于短视频卷入度较高的用户，更不在意短视频的质量和内容的深度，短视频相较于中视频、长视频或文字图片形式更加不容易聚集观看者的注意力，这也是短视频内容不适宜深度知识传播的因素之一。

二　用户解读空间大，容易产生文化曲解

在短视频时代，用户的自主选择性比较高，也更容易对所接收的内容加入自我的解读。互联网时代的网络社交媒体给了用户更多选择性，这些网络社交媒体的进入门槛极低，用户可以轻易接触或上传感兴趣的内容。尤其在短视频平台上，以抖音平台为例，扩大了受众范围，同时降低了受众的同一性，同一个短视频的不同观看者可能在现实生活中的认知、日常

生活方式等各方面千差万别，仅仅在很小的兴趣范围内具有相似点，他们在观看短视频内容时容易产生不同的解读，从而对短视频上传者原本想要表达的意思有所曲解。民俗文化并非完全轻松和娱乐的，而是具有一定的严肃性，传播者需要对传统民俗文化有一定的了解，才能更好地实现民俗文化的价值创新，才能更好地保护和传承承载了悠久历史和价值的民俗文化。

除了短视频用户的认知和对媒介的认识和使用差异导致用户对于短视频的解读出现差异外，用户更加关注短视频提供的视听方面的感官刺激，用户自身存在的对特定文化的刻板印象也会使用户对短视频内容的解读出现偏差。

三　流量导向多于文化导向，走向同质化

尼尔·波兹曼认为，共鸣是促进文化交流的重要力量，任何一种媒介都有共鸣，因为共鸣就是扩大的隐喻①。短视频平台等网络社交媒体是以扩大用户群体和增强粉丝的平台黏性、实现更高的经济效益为目的的，短视频平台的算法推荐更是将用户固定在某个兴趣圈子，根据用户过去浏览与互动的痕迹进行相应的推荐。因此，短视频平台的娱乐性特征比较明显，短视频这种媒介形式很容易冲淡一些内容的严肃性，这种模式引导了受欢迎短视频的内容走向，形成了一种用"戏谑"和"嘲弄"来产生共鸣感的流行现象，这种"表面"的短视频内容往往能获得更多点赞和评论，其他理性和严肃性的内容则乏人问津，两极化的趋势容易造成社交传播中的"马太效应"②。

除了流量导向导致的短视频同质化现象，在抖音平台中由官方组织的"洛阳牡丹甲天下"话题下的短视频存在严重的同质化现象。在"洛阳牡丹甲天下"话题下的 264 个有效短视频中，除了官方"精彩洛阳"发布的7 个短视频，剩余的 257 个短视频都是由普通用户发布的牡丹花变装特效短视频，用户做出戏剧表演中的换脸动作，就可以体验不同的牡丹花头饰

① 〔美〕尼尔·波兹曼：《娱乐至死》，章艳译，广西师范大学出版社，2004，第 22 页。
② 黄栗、董小玉：《短视频对优秀民俗文化传播影响力的研究——以"抖音"APP 为例》，《当代传播》2019 年第 5 期。

特效，但这种使用平台嵌入的特效进行变装的短视频，主要面向的是该视频的上传者，容易上手、特效美观，因此有利于调动用户上传短视频的积极性，但是平台的特效数量有限且极易重复，容易使用户产生审美疲劳，因此此类视频的同质性以及较低的可观赏性会影响民俗文化短视频展演的传播效果。

第四节　中原民俗文化短视频的传播策略

一　保留文化内核，提升内容深度

短视频自身的传播方式和特点降低了用户在观看时对信息的敏感度和忠诚度，用户难以对特定的短视频付出持续的注意力，导致民俗文化短视频的展演不能完全表达文化内涵与价值，从而使民俗文化短视频内容传达变得"表面化"和"浅层化"，这是依托于短视频媒介的文化类内容在传播中会遇到的共性问题。因此，文化类内容与短视频的结合需要考虑如何保留和完整表达出文化的内核、提升内容的深度，以弥补短视频媒介本身的"平"的特点。

在洛阳牡丹花会的短视频展演中，除了洛阳牡丹花会中的牡丹画或者现场的各种文化活动外，科普性的介绍或旁白会更有利于观看者深入了解牡丹文化，更全面或更深入的文化背景介绍可以引导观看者更沉浸式地体验并深入地融入该文化语境，从而使观看者形成更深刻和长久的记忆，更有利于展现洛阳牡丹花会短视频展演的文化价值，进而推动文化的传承，促进经济效益与社会效益的齐头并进。

民俗文化短视频的创作者在充分利用短视频带来的技术优势的同时，保持文化内核，警惕和防止短视频平台的异化。短视频平台具有逐利本性，总是会逐渐向流量和商业广告偏移，民俗文化短视频展演依托于平台经济，也是遵循了该平台的展演逻辑，民俗文化短视频展演是民俗文化与媒介技术平台合作建构的一种"文化景观"，是二者"合谋"的数字化产物。因此，警惕和防止平台对民俗文化的异化，就需要保护和保留民俗文化的本原性，这是民俗文化很独特的气质与文化价值，这种价值可以吸引潜在的用户产生好奇进而探究该文化，这些特质也是民俗文化扎牢根基与传承的必需要素。

二　挖掘内涵价值，减少文化曲解

短视频作为一种重要的媒介形式，在一定程度上改变着民族文化的传播形态，而民俗节庆短视频中的故事脚本、仪式程序、场景搭建等又重新定义媒介生产。在这种双向互动中，民俗节庆以现代性的传播形态寻求新的身份认同，并逐渐衍生出一种极具特色的短视频文化。由于生产逻辑和技术逻辑的创新，不同族群、不同文化背景的人们可以通过短视频实现零距离的交流与互动，以民俗文化为创作内核的民俗节庆短视频，可以在认同感的驱使下得到广泛传播，激发受众的民族情感共鸣[①]。短视频用户认识和使用媒介的能力参差不齐，加上部分用户自身存在"刻板印象"，这导致用户对特定文化的短视频展演的理解容易出现偏差。

在传统性的民俗文化与现代性的短视频文化的融合碰撞过程中，短视频文化创作者可以通过采用更典型的象征元素和符号，以及搭建和完善文化所需的语境，重视意象的表达，从依赖于实际场景向提供更贴合的意象转变，与观看者建立共鸣性的精神连接，由此在象征性符号呈现、沉浸式场景搭建、促进受众仪式化传播这三者间建构一定的文化意义和情感认同，以减少观看者对短视频所传达的文化价值的误读和曲解。

三　坚持文化创新，尝试跨界合作

文化创新主要从形式和内容两个层面进行。形式层面的创新主要指的是可以构建全景化和碎片化并存的模式，充分利用短视频的技术优势，保持文化内容的在场性和氛围感，呈现从形式、内容到价值的全方位展演，使观看者体验到完整的、本真的民俗文化，增强观看者的沉浸感和体验感，从而在一定程度上抵消短视频的碎片化特征带来的不良影响。而内容层面的创新则是指，可以通过调整民俗文化短视频中呈现的各种

[①]　刘秀梅、董洪哲、韦雨生：《情感认同与互动共享：基于 SIPS 模式的民俗节庆短视频传播研究》，《中国编辑》2020 年第 8 期。

要素和各要素所占的比重，以及短视频叙事的方式和逻辑来保持内容的吸引力。

跨界合作是当今文化"出圈"的有利条件和要素，跨界合作是不同的领域联合，建立全新的纽带，通过某个特定的理念为双方品牌带来更高的经济效益，因此跨界合作已经成为很多企业与品牌的选择。民俗文化短视频的"出圈"需要结合目标受众，与相关领域寻求跨界合作，以期进入目标受众所关注的视野范围，如"谭维维与华阴老腔"就是近年传统文化领域与外界跨界合作的一个成功案例。在跨界合作的过程中，需要注意的是，要考虑到双方受众的接受度，把握好跨界的创新程度以及合作方与自身文化的适配度，同时对合作对象做好全面的评判，以确定对方是可以信赖并且适配度良好的合作伙伴。

四 多方主体参与，实现价值共创

洛阳牡丹花会等中原民俗文化的短视频表达需要多方主体共同参与，合理规划内容，合作构建新型传播矩阵。价值共创最初源于创新领域，是通过特定系统内的参与者的有效参与共同创造价值的行为。当下我们处于多媒体共同赋能的融媒体时代，主体间的互动关系往往伴随了价值流动，价值共创就是在这种价值流动过程中开放边界，通过主体的互动和共生关系创造新的价值。文化"出圈"不仅需要品牌跨界，也需要参与主体的联动，从而达到多方之共力的效应大于多方力量简单相加的效应。中原民俗文化短视频的展演需要政府官方的统筹与引导、平台的合作、专业艺术家的科普以及普通用户的自发性创作与分享。

政府官方在其中扮演的角色并非固定、死板的，官方账号在调动资源进行内容生产传播的过程中要有灵活性，要积极与民俗艺术家和短视频平台取得和保持联系，通过与平台合作为民俗艺术家引流并为他们提供良好的创作环境，从中扶持民俗文化领域的意见领袖，同时积极引导用户参与内容生产，组织既简单易上手且能够激发用户创作热情也具有相当的观赏性能够吸引观看者的话题或文化活动。只有多方主体共同参与、形成联动，才能形成良性的传播，得到较为理想的传播效果。

本章小结

随着移动互联网的发展和媒介技术的革新，视频成为主要的内容呈现形式，短视频的兴起为民俗文化的创新传播提供新的发展契机。短视频作为一种新兴媒介，为民俗文化等传统文化的传承与传播赋权。在媒介技术不断革新的移动互联网时代，利用新的媒介形式创新传统文化的传播内容和形式，实现其意义和价值重塑，已经成为新时代发展的重要任务之一。民俗类文化活动是随着日常物质和精神文化需求产生的，是人们基于日常生产与生活，以非物质形式进行的民间表达，在新时代被赋予新的内涵。在互联网和短视频时代，民俗文化的非物质性与短视频媒介的物质性在形成冲突的同时，也相互融合。民俗文化与短视频的结合给了民俗文化重焕生机与活力的机会，而基于短视频的民俗文化传播日益成为一种常见的媒介景观，在短视频媒介的赋权下，丰富的民俗文化得以被更多用户看到、关注到、了解到以及喜爱上。

本章主要采用了互联网田野的研究方法，通过将抖音平台中中原民俗文化短视频以及洛阳牡丹花会短视频的展演作为分析样本，研究中原民俗文化的短视频展演的呈现方式、中原民俗文化短视频的传播现状、中原民俗文化短视频生产和传播中存在的问题，以及有针对性地提出了中原民俗文化短视频的传播优化策略。具体而言，梳理了中原民俗文化的背景情况，并详细介绍了洛阳牡丹花会的历史传统与当代的短视频传播现状，发现当前中原民俗文化短视频在生产和传播中主要存在短视频形式容易使内容流于表面化、文化内涵丢失；用户的媒介认识和使用能力参差不齐、意义传达的准确性不足；流量导向多于文化导向、视频内容同质化等问题。针对这些问题，本章提出了中原民俗文化更好地借力于短视频这种新媒介加快"出圈"的路径和策略，分别从提高内容深度、减少文化曲解、坚持文化创新以及多方主体共创这四个层面进行了考量和分析，对于当前中原民俗文化短视频存在的问题有针对性地提出了解决思路与方案。

第四章　短视频与豫菜饮食文化传播

中原饮食文化作为传统文化的一个分支，经历了数千年的发展与演变，已经形成了一道独特的亮丽景观。河南位于南北气候过渡带，四季分明、土地肥沃，优越的地理条件为饮食文化的繁荣打下了良好的基础，形成了包括洛阳水席、鲤鱼焙面、怀府养生宴、胡辣汤在内的豫菜文化，信阳茶文化以及包括杜康、宋河、宝丰、仰韶在内的豫酒文化等。

近年来，豫菜虽然复兴之势渐起，但收效甚微，处于被淡忘的尴尬境地。借助于新媒体平台实现更有效的传播，成为亟待解决的问题。在数字时代下，饮食文化的传播渠道十分多元。过去，美食往往采用纪录片的形式呈现，并成为国内纪录片的一大代表性题材，例如《舌尖上的中国》《风味人间》《早餐中国》《人生一串》。电视综艺节目对此也常有涉及，例如《星厨驾到》《十二道锋味》等。如今，短视频已经成为传播传统美食文化的主要阵地。中国短视频行业的用户规模正在不断扩大，在中国短视频平台用户活跃度排名中，抖音活跃用户达 47732.3 万人，超过了快手平台的 37083.93 万人，位列第一。得益于庞大的用户基数，抖音短视频平台在助力美食传播上的潜力日益彰显。

抖音、头条指数与清华大学国家形象传播研究中心城市品牌研究室联合发布的《短视频与城市形象研究白皮书》显示，在抖音平台播放量前100 城市形象视频的内容中，地方饮食位列第一，占比 36%。西安的毛笔酥、鸭蛋黄肉夹馍和镜糕，重庆的火锅，成都的失眠烤肉等都引发了跟风拍摄，相关内容的最热视频的单条播放量均在 5000 万左右。① 各地的差异

---

① 《短视频与城市形象研究白皮书》，搜狐网，2018 年 9 月 11 日，https://www.sohu.com/a/254628329_152615。

最容易在饮食上得到体现，记录地方美食的视频制作门槛低，记录地方美食成为抖音平台上热门视频最主要的内容。因此，本章对抖音短视频平台上豫菜文化相关短视频进行分析，在观察记录豫菜文化相关短视频的传播现状与传播困境的同时，探讨如何借助抖音等短视频平台推动中原饮食文化的传承与创新传播。

第一节　豫菜饮食文化概况

一　始于伊尹，盛于宋

豫菜文化是中原饮食文化中最具本土代表性的分支之一。豫菜别名中原菜、河南菜、中州菜、中夏宴、豫宴等，是在原"宫廷菜""官府菜""市肆菜""民间菜"的基础上发展起来的，是在具有中原传统文化内涵的烹饪理论认知指导下，运用具备河南地域特点的技术所制作的菜肴、面点、筵席的总称，是地方烹饪文化的代表。在我国的八大菜系（川菜、粤菜、鲁菜、闽菜、苏菜、浙菜、湘菜、徽菜）中，豫菜并没有占据一席之地，但许多烹饪界的权威人士认为，豫菜作为中国最古老的一种菜系，是八大菜系的"母菜"，是各大菜系的渊源，可以被称为"百菜之源，菜系之母"。这种说法虽然没有达成完全的共识，但并不是全无道理。

豫菜选料严谨、刀工精细、讲究制汤、质味适中，色香味形皆入化，一向秉承着中国烹饪的基本传统——"中"与"和"，即"不东、不西、不南、不北，而居东西南北之中；不甜不咸不酸不辣，而是酸辣甜咸求其中、求其平、求其淡"。豫菜的主要特色是中扒（扒菜）、西水（水席）、南锅（锅鸡、锅鱼）、北面（面食、馅饭）。豫菜不仅制作精细，吃的过程也大有讲究，吃豫菜的传统程式依次为干鲜果品、进门小食（点心）、冷菜、头菜（头汤）、酒菜、饭菜、面饭。经典豫菜"黄河大鲤鱼"作为开国第一宴名菜，被中国烹饪协会评为"中国菜"河南十大经典名菜之一。

豫菜历史悠久，发端于新石器时代，但是其理论基础和规模体制形成于夏商周时期①。早在4000多年前的夏朝，夏启为了宣示主权，在都城阳翟（今河南禹州）宴请四方诸侯，以确定"共主"地位，史称"钧台之享"，这是我国历史上最早的一次宴会，也是豫菜的起源。有着"烹饪鼻祖""中华厨祖"之称的商朝开国之相伊尹也出生在河南（一说洛阳伊川，一说开封杞县），伊尹因为善于烹饪而被商汤王看重，我国最早的烹饪学理论《本味篇》就是伊尹初见商汤时的谈话内容。②伊尹所创立的"五味调和说"以及"火候论"至今仍被沿用。

之后，豫菜不断发展，到北宋时期达到了鼎盛。北宋都城东京汴梁（今河南开封）的饮食文化展现了中国饮食文化史上前所未有的繁荣景象。在当时，开封不仅是全国的政治、文化、经济、交通中心，也是世界上首屈一指的大都会，为饮食文化的发展提供了各种有利的条件。一方面，北宋开放的政治环境对饮食文化的发展起了推动作用。北宋结束了五代十国的长期割据局面，人民免受战乱之苦，社会终于和平安定下来。北宋的统治者十分重视农业生产，大力促进粮食等农产品的流通。③另一方面，生产技术的突飞猛进为北宋繁荣的饮食文化创造了有利的条件。北宋之前，吃饭用的锅是用青铜和陶土来铸造的，造价昂贵，得益于铸铁技术的发展，一些锅碗瓢盆大规模大批次生产且能够出现在寻常百姓家。开封位于黄河之滨，开封周围河道众多，在北宋时期，是全国的水陆交通中心。这一优越的地理位置使得开封可以接收全国各地输入的各种珍奇美味，久而久之，开封本地的饮食结构也发生了一定的变化，菜肴烹饪原料迅速扩展，以上种种有利的条件，都促使了北宋时期中原饮食文化的繁荣。据《东京梦华录》，北宋时期，东京的小吃达到280种，包括蒸烤类、煎炸类、煮食类和汤食类等。北宋时期的东京，除正常的饮食外，一年之中的20多个节日都有特定的食物，而且风味不同、各具特点。由此可见，北宋时期的饮食文化盛极一时，豫菜在此时已经形成了由官、商、寺、民菜肴之精华构成的完整体系。

---

① 吕丽茹：《豫菜名称研究》，硕士学位论文，河南大学，2014。
② 陈萍：《河南饮食的现状及发展对策》，《平原大学学报》2006年第2期。
③ 宋启文：《从北宋开封官、商、寺、民饮馔窥视豫菜一斑》，《中国烹饪研究》1995年第1期。

二　豫菜文化的没落与复兴

北宋之后，中原不再是全国的政治经济中心。随着中国经济、政治中心的迁移，豫菜文化也逐渐传播四方，特别是杭州、南京、广州等地，豫菜文化具备原创性、包容性等特点，受到四方食客赞许，并逐渐与其他地方饮食文化相交融。改革开放之时，河南由于地处中原，相对于沿海城市来说发展滞后，粤菜、湘菜、川菜等涌入河南。相比于四川、重庆的麻辣，粤菜、闽菜的鲜美，东北菜的豪放粗犷，五味调和、质味适中的豫菜反而显得没有特色。加上当时的人们乐于接受新鲜事物，所以川湘粤等菜系大受追捧，河南街头涌现了许多外省菜系的餐饮店，而豫菜在这些外来饮食文化的冲击之下，发展受限，逐渐走向了没落，开始淡出了人们的视野。

但是，豫菜仍然在不断改革创新与发展。例如开封第一楼从 20 世纪 90 年代初期至今，一直在不断地研发新的美食产品来满足顾客饮食口味的变化，推出过第一代、第二代多种口味的"什锦风味包子宴"，在菜肴方面，在保留传统豫菜精品的基础上，推出数十种开封名优小吃。① 此外，豫菜也由以开封为代表的传统豫菜体系，逐步演变为以省会郑州为中心的新豫菜体系。

21 世纪以后，豫菜的复兴之势渐起，其地位逐渐得到重视。2003 年，中国烹饪协会正式授予河南长垣"中国厨师之乡"的称号，这也是我国首个被认定的"中国厨师之乡"。"长垣厨师遍天下，刀勺声里多名家。色香味形皆入化，赢得中外古今夸。"作为豫菜的主要发源地之一，长垣拥有着独树一帜的"厨师文化"，以厨师众多且技艺精湛著称于世。国宝级豫菜泰斗吕长海、"阿五黄河大鲤鱼"品牌创始人樊胜武、河南烹饪新一代翘楚杜新敬等名厨，都来自河南长垣。长垣为全国乃至世界各地输送餐饮行业的人才，长垣的厨师遍布国内各大中小城市，将即将失传或濒临失传的刀工技法传承下去，为地方饮食的发展做出不小的贡献。

2007 年，河南省商务厅、省旅游局、省餐饮行业协会等八个部门联合

---

① 宋军令、孙华迪、芦宁：《略论豫菜的传承和创新》，《商场现代化》2009 年第 9 期。

发布《关于振兴"豫菜"工作实施意见》，提出了一系列积极措施和有效手段，以促进豫菜的振兴。同年，河南省商务厅首次发布《豫菜基本规范》，该规范对豫菜的术语和定义、构成、特性、制作、主要操作程序、质量评定等进行了规定。2007 年，在漯河市举行的由河南省商务厅、河南省餐饮行业协会、漯河市人民政府等联合举办的河南省第二届豫菜品牌大赛，是河南餐饮业发展史上以豫菜为主题的规格最高、规模最大的一次大型主题赛事活动，充分展示了豫菜的风采。① 2011 年，中原烹饪技艺（豫菜）入选河南省省级非物质文化遗产名录。2016 年，豫菜申报国家级非物质文化遗产。2017 年，豫菜"黄河大鲤鱼"代表河南走上了联合国的餐桌，成为当天唯一的鱼类菜品，300 多位驻联合国官员对其称赞不已。2018 年，《中国豫菜》纪录片开播，该纪录片以"中国饮食文化寻踪"为主题，是河南首部饮食文献纪录片。豫菜频频在综艺节目、电视晚会中崭露头角，例如因《唐宫夜宴》而爆火的河南卫视，在其后续关于中国节日的奇妙游系列节目中，大力宣传"豫文化"，其中有档节目名为《五味调和》，豫菜强势出镜。节目展现地点为"中国厨师之乡"长垣，厨师之家欢聚一堂，其乐融融，开展厨艺竞技，上演了一场豫菜的美食盛宴：爆腰花、酸辣乌鱼蛋汤、牡丹燕菜、三鲜铁锅烤蛋、扒广肚、锅贴豆腐、拔丝红薯、鲤鱼焙面等河南美食让屏幕前的观众垂涎欲滴，收获了较好的传播效果。

第二节　短视频时代豫菜饮食文化的传播现状

一　后台前置：豫厨通过"美食教学"完成职业展演

正所谓"前厅后厨"，厨师这一职业"可见性"较低。前往餐厅吃饭的顾客往往只能够看到桌面上一道道精美的菜肴，而对于美味佳肴背后的制作工序、后厨运作的厨师了解甚少。对于制作精良的豫菜来说，人们若不能看到制作工序，便难以体会其中的煞费苦心。

---

① 宋军令：《振兴豫菜的对策和建议》，《商场现代化》2008 年第 8 期。

短视频时代的到来，为豫厨的"职业展演"提供了可能。在技术红利的助推下，抖音等短视频平台得以迅猛发展，其低门槛、易操作的特点使得信息传播走向平民化，普通用户的传播潜力被激活，个人价值被激发，抖音用户开始盘活自己手头的资源，在抖音平台上展现自己的专业技能知识，以变得"可见"。

在豫菜文化的推广过程中，豫厨自然功不可没，只有豫厨时刻秉承着匠人精神，豫菜才能迎来真正的春天。抖音博主"豫厨郭振兴"在推广豫菜文化上作出了贡献，"不是名师，不是大厨，爱分享的河南厨师——郭振兴"，这是郭振兴在个人资料中的自我描述。截至 2020 年 6 月 8 日，郭振兴在抖音平台上的粉丝数已经达到了 53.8 万。从 2020 年 11 月到 2022 年 6 月，郭振兴所发布的抖音作品共有 394 条，累计获赞 196.8 万个，他在持续高产地输出关于豫菜的优质视频内容。郭振兴的每期作品均以美食为封面，菜名醒目。"大家好，俺是河南厨师郭振兴"这是他每期固定不变的开头语。操着一口地道正宗的河南方言，身穿一身整齐的厨师服装，豫厨郭振兴开始了他的职业展演。

在空间呈现方面，郭振兴短视频的拍摄场地多为自己的工作地点——厨房，鲜少分享生活日常。在职业呈现方面，在每一期的开头部分，郭振兴都会提及自己的"河南厨师"身份。视频的内容定位是"美食教学"，短视频拍摄主题、视频画面全部围绕着美食菜品的教学展开。"豫厨郭振兴"抖音账号的首页置顶视频中，就介绍了一道经典豫菜的制作工序，这一豫菜是"豫菜十大名菜"之一的"糖醋鲤鱼焙面"。这一视频时长达到四分十九秒，而其他河南菜、家常菜的美食教学视频时长大多为两分钟左右，可见豫菜制作工序之繁杂。视频是以时间先后的顺序来展开叙事的，从备菜、溜面、煎炒到最后菜品上桌呈现，郭振兴对整道制作工艺进行细致全面的呈现和讲解，尽显大厨风范，让屏幕前的观众对"后厨"有了更深层次的认识。

在呈现技术方面，郭振兴所发布的作品善于采用短视频平台的叙事方式，比大多数的豫菜文化类短视频创作者发布的视频讲究。他的作品镜头切换迅速，以近景为主，通过特写展现食材细节，各类菜品的色泽纹理、质感光泽都尽收眼底。剪辑技巧成熟，搭配字幕，给人良好的视觉体验。

视频节奏较快，无冗杂的故事情节，对于想要学习做豫菜的人来说，可谓是干货满满、实用性极高。抖音中豫厨相关账号较多，如抖音账号"中国豫菜""清真豫菜！王老三""豫菜厨师高磊"等，内容多为分享烹制佳肴美味的技法或展现菜品。

但略微遗憾的是，这类关于豫厨职业展演的短视频都存在两点局限性：个人局限性与受众局限性。个人局限性是指这些抖音"豫厨"存在重"厨"不重"豫"的通病，重在展现精湛的厨艺，"豫"对于这些厨师来说似乎只是拉近与受众心理距离的一种传播策略。虽然抖音账号名称或个人资料简介中提及"豫菜"，但这些账号的短视频中对豫菜的涉及并不是很多，或者更准确说，其所呈现的应该是"河南菜""家常菜"或者该豫厨可以掌握的菜，这与豫菜并不能够画上等号。作为个体而言，他们并没有系统地传授豫菜文化的意识，其中涉及豫菜的部分仅仅是从自己职业的角度来进行展示，而没有更进一步的介绍。同时，这类短视频存在一定的受众局限性。虽说"民以食为天"，美食类短视频天然具有普适性的优势，但并非人人皆要学习下厨。一些没有做饭需求的人，对于这类美食教学视频的兴趣度与需求度并不是很高，自然也不会再去了解其中的豫菜文化。

豫厨通过主动职业展演，打破了这一职业往日的"沉默"状态，由"不可见"变为"可见"，在这一过程中，豫厨通过展现一道道妙手匠心、精心烹饪的菜品，一方面塑造了自我专业的职业形象，另一方面在潜移默化中推广了豫菜，让河南饮食文化更具传播力与影响力，豫厨是豫菜文化相关短视频的一个重要创作群体。

二 探店打卡：探索豫菜老字号的"美食图鉴"

探店打卡已经成为短视频时代的一种流行趋势。抖音短视频平台上活跃着大量的探店类美食博主，豫菜馆子也是这类博主的常逛地之一，探店类美食博主如"逛吃大朵朵""鹏叔带你玩""小义吃不胖""吃喝玩乐在新乡"等。这类探店类美食短视频可以让观看者在就餐之前对豫菜馆的店面装潢、卫生条件、菜品特色、服务水平以及特惠套餐有一个较为初步的了解，为观看者提供美食指南、美食测评，从而帮助他们做出美食消费行为决策。这些短视频的内容定位多为"带你发现好吃又实惠的豫菜馆子"。

抖音探店类美食博主"小义吃不胖"就是一个很好的代表。截至 2022 年 6 月 11 日，"小义吃不胖"的粉丝量共有 50.4 万，共发布作品 634 个，总获赞数达到 529.2 万个。在"豫菜"话题标签下，"小义吃不胖"的一个作品——《嘉庆年间传下来的胡辣汤恁喝过没有》便位列前排。视频中，小义话语平实，方言地道接地气，观看者跟随博主小义的脚步，进入了"特味村福园"豫菜馆子，欣赏着从店铺装修、菜单推荐、菜品上桌到品尝点评等一系列"打卡"表演。在这一过程中，小义频繁地与屏幕前的观众进行互动："你见过饭店有平面图吗？""我跟恁说一个他家重要的菜——胡辣汤。"这种互动巧妙地营造了一种虚拟的"在场感"，是美食类纪录片或电视综艺节目所不能比的。在结尾部分，小义还进行了一些功用性的描述："它可以满足你任何人数的聚餐需求。"这种功用性描述在豫菜类探店短视频中十分常见，类似的还有"家人聚餐、朋友生日、公司团建，这儿是个好去处！"等，意在激发观看者强烈的美食消费欲望，吸引受众前往线下门店打卡，推动形成线上、线下的消费闭环。

除了"特味村福园"这类装修精美的中高档餐饮店外，一些开了几十年的老豫菜馆子也备受探店类美食博主的青睐，诸如"这家开了 40 年的老豫菜馆子，菜是真的硬，还很实惠"。其中一个很有代表性的博主便是"吃喝玩乐在新乡"。该博主在探店"霍氏酒家"的短视频作品中，在醒目的位置（如文案、标题、开头语等）反复强调开店时长，"1994 年比我还大""正宗""老牌"等话语频繁出现，还引用了老板本人的描述："霍氏酒家到今天已经是 27 年了，我是第三代传人。"其目的在于凸显该店铺"老字号"的竞争优势。此外，霍氏酒家的地理位置前缀"藏在小胡同里"也是自媒体博主常常会使用的叙述策略——"我不说你们就不知道"，这种叙述策略可以成功地吸引观众的注意力，通过对大家已经熟知的城市空间的进一步探索，向观众提供新鲜的"未知"。店内整体装修呈现"朴素又卫生"的整体形象，对屏幕前的观众来说这家店就像家门口旁边的菜馆一样让人倍感亲切。除了对用料选材、菜品特色、特惠套餐等信息的描述外，该博主在结尾部分还进行了升华："我觉得老字号已经不是开饭店了，更多的是美食的传承。希望更多外地朋友喜欢上豫菜，希望我们大新乡的店传承百年。"这既消散了整个视频中所蕴含的浓厚商业宣传气息，也为前来就餐的消费者的消费行为增添了一抹文化上的意味，让消费者的消费不仅是品鉴美食、满足口腹之欲，更是支持豫菜老字号的发展。

抖音探店类美食博主通常拥有较为稳定、有着地域接近性的粉丝群体，并在作品或评论区中与粉丝紧密互动，其粉丝的黏性与忠诚度通常较高，他们是粉丝在进行美食消费时的意见领袖。总体而言，探店类美食博主们借助自身的号召力与影响力，通过前往豫菜馆子完成打卡、品鉴，提高了豫菜馆子的网络曝光率，尤其是让一些处于深街窄巷老胡同之中的老牌豫店获得了热度与关注度，不被市场所埋没。虽说"酒香不怕巷子深"，但善于借助传播工具来进行宣传才能够迎合时代潮流，从而不被市场淘汰，探店类美食博主便是这类餐饮店的宣传者，其所发布的视频作品也会带动粉丝线下的打卡行为，《2019 年抖音数据报告》显示，2019 年全年，抖音用户在平台上打卡 6.6 亿次，遍及全世界 233 个国家和地区，打卡已成为风潮，粉丝将打卡记录上传至网络后会进一步提高豫菜馆子的传播力与影响力。而探店类美食博主在借助豫菜馆子巩固自身形象与粉丝黏性的同时，在推动豫菜发展方面贡献了力量，形成了一种良性的、互利互惠的循环机制。

三 二次创作：跨媒体传播下的碎片化呈现

我国的传统媒体与新媒体已经不再是原来相互独立与分离的状态，而是走向融合。如今，电视综艺节目的跨媒体、跨平台传播已经成为常态，根据不同平台的传播特性，生产出不同形态的媒体作品。一些短视频创作者开始将视野放在原有的视频资源上，重新加以利用和盘活，但为了适应短视频平台的叙事特点，要在原有的基础上做出一定的改变，实现"定制化传播"。这种跨平台、跨媒体的节目共享机制，可以使节目内容触及更大范围内的受众群体，使得节目价值得到最大程度的发挥。

河南广电大象融媒品牌栏目《新豫商访谈录》也是一个很好的代表。其官方抖音账号"新豫商访谈录"发布过不少关于豫菜的访谈视频，拥有粉丝 50.2 万人，截至 2022 年 6 月 12 日，"新豫商访谈录"共发布了 279 个作品，获赞 135.4 万个。该账号创建之初的前 7 条作品，都是"阿五黄河大鲤鱼"创始人樊胜武的相关访谈视频。樊胜武被称为"豫菜一哥"，是中国烹饪协会副会长，致力于让"黄河鲤鱼"成为河南名片。"新豫商访谈录"为了符合短视频平台的叙事逻辑，将早先对樊胜武的采访视频进行了二次剪辑，摘取其中的一部分叙述或樊胜武对某一个采访问题的回答进行碎片化的呈现，时长约为 1 分钟，并配上新的背景音乐。这 7 部作品的主题分别为《曾为五星级饭店的厨师长，阿五为何辞职下海开餐馆?》《作为宫廷菜的前身，豫菜为何逐渐没落?》《豫菜什么是代表菜? 不止是烩面胡辣汤!》《从一家小店做起，让豫菜走向世界》《豫菜应该走大众路线还是大师路线?》《复兴豫菜应该埋头做菜还是高调宣传?》《餐饮创业怎样才能赚钱?》。从这些作品主题中可以看出，过往的电视节目访谈中存在许多关于豫菜文化的"干货"，豫厨名师深入浅出地介绍了豫菜的菜品、历史发展脉络以及未来的复兴之路，对于完善或纠正受众关于豫菜的认知能够发挥极大的作用，获得了较为不错的传播效果，热度排在"豫菜"话题标签的前列。除了"豫菜一哥"樊胜武的相关访谈，"豫菜大师"李志顺的相关访谈也被广为传播，李志顺是省级非物质文化遗产代表性项目长垣烹饪技艺省级代表性传承人，对于豫菜文化也颇有一番独到的见解。

河南卫视《老家的味道》栏目官方抖音账号在豫菜文化的传播上也持续发力，该账号拥有粉丝 25.1 万人，共发布作品 160 个，累计获赞量达 97 万个。上文所提到的"新豫商访谈录"中仅仅有部分视频涉及豫菜文化，而《老家的味道》节目本身便是将触角伸向豫菜，用镜头去捕捉原产地食材的生长、转化与食用等，制作精良、画面唯美。在进行跨平台传播时，只须将其中的精彩片段进行碎片化呈现，其精良的制作也使得一些作品例如《源于安阳的豫菜为何得名三不粘》《谁说豫菜没代表?! 一种即将失传的烹饪技法，让腰子变得不一般!》《豫菜版芙蓉鸡片：轻松用六个鸡蛋蛋清制作的"爆馋"美食》等收获了较好的传播效果。总体而言，这种"二次创作"类的视频制作流程简单，只需要将原有的制作精良的电视节目资源进行重新剪辑即可。

四 文化科普：赋予豫菜文化属性

豫菜文化类短视频大多具有浓厚的商业宣传气息，文化科普类虽然在其中所占的比重很小，却是豫菜文化的最主要传播者。豫菜文化科普类短视频的呈现形式大致可以归为以下两种。

其一，美食列举类。该类主要是对豫菜进行一一列举，并配以对应的视频或图片来进行豫菜品类的浅层科普，能够带给受众一种眼花缭乱的感觉，从而增加对于豫菜文化的认同感。例如抖音博主"鲜出道半成品菜-总部"所发布的作品《河南十大名菜，你喜欢吃哪些？》，其视频文案是"河南十大美食，第十名灌汤包，第九名胡辣汤，第八名河南烩面，第七名汴京烤鸭……"这种列举方式简单又直白，且从第十名开始列举，也留下了悬念，吸引着受众继续将视频看完。但还有一种列举方式，将美食与史实相结合，增加趣味性。例如抖音博主"豫记"所发布的科普类视频作品《鲁迅到底吃过多少河南美食？》，这一选题比较新颖，让人眼前一亮，具有一定的故事性，但其目的还是列举河南美食。鲁迅在互联网的"梗王"身份也给该视频平添了几分趣味性。此外，博主在评论区与粉丝网友积极互动："兄弟们，豫菜真的不错，要有文化自信呀。"这既增强了粉丝黏性，也在评论区掀起了一次关于豫菜的讨论，网友们各抒己见，聊得热火朝天。

其二，故事讲述类。此类视频会选取一些与豫菜相关的历史故事进行讲述。抖音博主"中原第一喷"在这一细分领域垂直深耕，做出了自己的视频特色。该博主常常身着一身古色古香的服装，手持一把纸扇，颇有旧时茶馆说书人的风范。他曾经发布了一个关于开封灌汤包的视频作品，不仅对灌汤包的吃法进行介绍，还对开封灌汤包在元末明初时的历史故事进行了生动全面的阐释。他讲故事时语速较慢，娓娓道来，叙述完整，一气呵成。跌宕起伏的故事情节、绘声绘色的叙述让屏幕前的观众如临其境，像是身处剧场之中而听得入了迷。

第三节　豫菜饮食文化短视频的传播困境

一　传播热度低

河南本地的餐饮店业态丰富、品种繁多，可谓百花齐放，但具有本土代表性的豫菜的地位并不算高。虽然涌现了一批专注于做豫菜的连锁企业，例如阿五黄河大鲤鱼、仲记酒楼、特味村、阿庆嫂等，但总体而言，豫菜馆无论是在数量上还是在营收上，都无法与其他餐饮店相媲美，反而是一些洋快餐、日料或者国内的火锅更受追捧，这也是豫菜在短视频平台上难以形成规模化的生产与传播的客观限制因素。

此外，豫菜知名度高，认知度却比较低，许多人对豫菜的认知都存在一定的错误或偏差，甚至不少河南本地人也没有去过正宗的豫菜馆，对豫菜只是略知一二。"豫菜只有胡辣汤和烩面？"许多介绍豫菜的短视频都会以这样一句话作为开头语，这从侧面反映了豫菜的传播现状并不乐观。在绝大多数人的认知里，豫菜的代表就是胡辣汤与烩面。实际上，胡辣汤与烩面并非豫菜的特色代表菜肴。豫菜文化悠远厚重，除了特色风味小吃之外，豫菜还有"十大名菜""十大面点""五大名羹""五大卤味"等。

相比于其他菜系的传播，豫菜"略显低调"。在抖音短视频平台上，"豫菜"话题标签下的视频播放量达到6346万次，这与其他几个菜系的传播量相距甚远。"川菜"话题标签下的视频播放量达到47.9亿次，"湘菜"达到45.2亿次，"粤菜"达到40.7亿次，川湘粤菜系话题标签均达到了40亿次，是豫菜播放量的60多倍。此外，将"豫菜"话题标签下的短视频按照"最热"排序，显示位列第一的视频点赞量为8.3万个，抖音用户基础庞大，这个点赞量可以说不大，且川湘粤菜系话题标签最热视频的点赞量均有200万个之多，由此可见，豫菜文化的传播任重道远。

与其他的豫文化相比，豫菜文化还有很大的提升空间。例如豫剧在抖音平台上的传播效果就非常好，"豫剧"话题标签下的短视频播放量达到53.2亿次，且根据《2021抖音数据报告》，在"2021年抖音最受欢迎十大非遗项目"中，豫剧位列第一，获赞总数7743万个。而在"2021抖音最受欢迎十大地方美食"中，河南胡辣汤位列第三，播放量较低。

总体而言，豫菜文化在短视频平台的传播存在传播热度较低的问题，要提高豫菜品牌的影响力和知名度还有很长的路要走。

二　商业价值导向明显，过度诱导消费

在"豫菜"话题标签下的短视频中，关于长垣湘豫情酒店等酒店的商业广告频繁出现。以"长垣湘豫情酒店"为例，除了该酒店的官方抖音宣

传账号"长垣市湘豫情酒店有限公司"之外，其公司服务人员也开设账号"湘豫情周慧"对酒店进行了宣传。豫菜不仅制作时颇费工夫，在品尝时也大有讲究。作为一名服务人员，周慧不像豫厨那般展示后厨做法，而是展示前厅的"吃法"，例如"红烧大鲤鱼的正确打开方式"，向观众展示面对红烧大鲤鱼，应该如何操作才能轻松地将整个鱼骨剔下。

这种以饭店为发布主体所做的宣传，虽然对豫菜的推广做出了一定的贡献，但是其目的在于将公众的注意力引向饭店本身，而非豫菜文化，若酒店出现负面事件时，豫菜文化也会受到波及。例如有媒体曝出，"阿五黄河大鲤鱼"饭店因担心门前枝繁叶茂的梧桐树会遮挡招牌、影响生意，让员工采购农药多次浇于梧桐树根部，故意损毁行道树。这一负面事件使"阿五黄河大鲤鱼"迅速陷入非议之中，即使其前期的宣传工作十分到位，但许多顾客也不愿意再埋单，以至于在该饭店所发布的关于豫菜短视频的评论区中，还常常会有网友提起"树"，受众的注意力出现一定程度上的偏移。

除此之外，一些探店类美食博主的存在感比较强。一些博主看似是在游玩探店鉴美食，实则商业宣传意味浓厚，在专业团队的操持下，按照既定的脚本来完成"表演"。但这类"逛吃逛喝"的探店类美食博主，往往不了解豫菜文化的相关知识，其短视频作品常常以品味佳肴为主，对于豫菜的介绍仍浮于表面，注重口感体验，只对美味佳肴表面的色、香、味、形作出评价，或者是不加掩饰地介绍特惠超值套餐以及最新的"薅羊毛"方式，甚至有不少探店博主直接在视频封面上用醒目加粗的大号字体注明菜品价格，如"美食探店，老豫记，超值6人餐，只需138，太哇塞了""××名厨，2人餐38，4至6人餐128，8至10人餐268"。这种表达方式极大地影响了用户的观感，使得豫菜与其他网红菜品在呈现上一般无二，传播效果大打折扣。豫菜作为一种具有文化属性的商品，其意义并不能仅仅停留于美食本身的意义，其介绍不能将侧重点放在特惠套餐上，而是要包含更加复杂多样的文化韵味与情感表达，承载美食文化真正的底蕴内涵。

可以说，带有商业宣传意味的短视频几乎占据了抖音豫菜文化类短视频的半壁江山。商业利益虽然可以驱动更多的创作者加入对豫菜文化的传播之中，但也存在一定的风险。当内容的选择以市场价值为导向时，必然会使传播内容偏离初心和本质，例如探店类美食博主为了激发消费者的美食购买欲望及推动线下消费行为的产生，常常采用夸张化的描述、违心的美食品鉴评价、浮于表面的叙事逻辑以及模板化的拍摄套路来完成虚假宣传，过度的商业化会破坏豫菜文化传播的创作生态，过度追求商业价值只会使得整个市场走向畸形。在泛娱乐化的短视频生态环境下，如何避免豫菜成为一种娱乐化的消遣品，成为亟待解决的文化课题。

三　文化韵味被消解

豫菜文化在抖音短视频上的文化韵味不足，其原因有以下几点。

其一，呈现碎片化，有学者指出，文化的碎片化是我们这个时代的一大特征，没有内在逻辑联系、没有深度和内在精神内涵是碎片化的表现。迈克·费瑟斯认为："消费社会的文化被认为是碎片化的符号和形象漂浮不定的大杂烩，它带来没完没了的符号游戏，破坏了经久不衰的象征意义和文化秩序的基础。"这在短视频时代几乎不可避免，带有一定文化属性的豫菜也是深受其害，由于抖音的平台特性与时长限制，传播者在传播时必须将豫菜文化凝练成简明扼要的碎片化内容进行呈现，但豫菜文化悠远厚重，本身并非简单的内容的堆砌，而是有一套完整的知识体系。因此，人们通过这些碎片化的短视频内容，是难以对豫菜文化形成完整性、系统性的认识的，豫菜文化作为一种系统的、整体的文化意义被短视频传播体系打破和分割。

其二，内容片面化。在泛娱乐化的大背景下，创作者一味地迎合短视频平台的"短平快"的特点，更加追求感官愉悦。

其实，豫菜文化历史底蕴深厚，有很多的历史典故可循，其技法、食材的选取，甚至是菜品的名称，都是大有来历的。以洛阳水席之头菜——"牡丹燕菜"为例，"牡丹燕菜"又名"假燕菜"。相传武则天在洛阳感业寺削发为尼期间，曾遭奸人暗害，饿极之时，拔出一个萝卜就啃。后来，洛阳东关长出了一个长约3尺、重约30斤的特大萝卜，被当作吉祥物进贡给宫廷。武则天见之，龙颜大悦，命人送御膳房做菜。御厨们面对着这道平平无奇的菜，着实费了一番心思，经过多道工序精心烹制，将萝卜配以山珍海味烹制成汤羹。女皇尝毕，味道鲜嫩，有燕窝风味，随即赐名"假燕菜"。随后，上至皇亲国戚，下至平民百姓，均用白萝卜制作"燕菜"，因为"假燕菜"起源于洛阳，所以俗称"洛阳燕菜"。1973 年，周恩来总理陪同外宾在洛阳参访期间，洛阳真不同饭店李师傅在燕菜上特意摆了一朵用鸡蛋做成的牡丹，更显雍容华贵。周总理十分高兴："洛阳牡丹甲天下，菜中也能生出牡丹花来。"因此，"洛阳燕菜"改称"牡丹燕菜"。①但这类有趣的故事在短视频平台上的呈现并不多，占比较小，由此可见，许多尘封已久的史实并没有得到充分发掘与利用，饮食文化的开发未得到足够的重视。

此外，豫菜所具有的健康价值也被严重忽视了。豫菜的饮食文化讲究酸甜苦辣咸五味调和，这符合现代人所追求的健康养生的饮食习惯，豫菜具有养生功效，这也是豫菜相比于其他几个菜系的独特竞争优势。例如黄河大鲤鱼、胡辣汤等经典豫菜就具备补脾胃、益气血、助消化等功效，但这些在短视频中鲜少被提及，探店类美食博主对这些的介绍也比较少，这主要是由于博主自身对此类知识较为缺乏，且在泛娱乐化的浮躁大背景下，在商业价值的市场导向下，自媒体博主难以用心完成创作，较少花费心思收集豫菜的相关资料。

总体而言，豫菜的文化价值没有得到充分的发掘与传播，这导致了受众对于豫菜的了解仅仅停留在一些垂涎欲滴的美食上，对豫菜的感知极度片面化。受众缺乏对相关历史文化的了解，也难以被唤起对豫菜的兴趣，对受众来说，豫菜在呈现上与其他的一些网红菜品并无区别。

四 低门槛导致摄制技术参差不齐，创作更新缺乏持续性

在短视频时代下，各种便携的移动设备方便人们随手记录身边日常，各种"一键生成"的保姆级视频剪辑工具再次降低了短视频的准入门槛，让不同文化程度的人都可以加入传播的行列。

不同的传播个体出于不同的目的（商业获利、生活记录、文化分享与传承）等来发布豫菜类相关短视频，但多样化的传播者在知识结构、审美情趣、摄制技术等方面存在不小的差异，这导致了内容质量的参差不齐。

---

① 刘福兴：《洛阳水席与河洛饮食文化》，《洛阳师专学报》1999 年第 4 期。

在豫菜文化类短视频的传播中，文不对题的作品并不少见。例如抖音账号"豫膳国宴"所发布的一条短视频作品中，视频画面中呈现的是几道精心烹制的菜品，让人垂涎欲滴，文案却是一些人生哲学："做人，赢在格局，输在计较；做事，多琢磨事，少琢磨人。"音不对题的作品也常常有之，例如抖音博主"付东伟~冷艺盘饰"所发布的一条豫厨大师指导做菜的短视频，其配乐为一段画外音，"圈子越来越小，话越来越少，有人称之为成熟，有人称之为孤独，但我觉得这叫看透，圈子不同，不必强融"。此外，在"豫菜"话题标签下，可以看到抖音博主"你好，城墙根"所发布的一则关于豫剧的视频，"大红的幔布扯开了，一出折子戏！来茶馆体验河南戏曲文化"，无论是文案还是视频内容，都只是与同为"豫文化"的河南戏曲文化有关，但由于"你好，城墙根"是一家集茶叶、豫菜、茶器、戏曲表演为一体的大茶馆，这条短视频还特意加上了豫菜的话题标签，在豫菜的话题栏目下可以被看到。还有一些短视频类似于"随手拍"，采用一镜到底的手法搭配上简单的音乐，略显随意。另外，豫菜文化类短视频在创作更新方面缺乏持续性，很少有博主专门针对豫菜文化进行内容的输出，大多数仅涉及一两部作品。以上种种现象，都说明了豫菜文化类短视频在传播上仍存在一些问题，例如流于形式、表述不严谨、措辞不规范、制作不连贯等。

究其根本，豫菜文化类短视频要想获得更好的传播效果，就必须有专业团队持续地输出优质内容，对视频拍摄工作进行统筹安排，无论是视频的脚本策划、镜头切换，还是后期的文案撰写、画面剪辑，都需要倾注创作者大量的心血，才能实现优质内容的传播。在"豫菜"短视频的话题标签下，除了一些豫菜餐厅在持续不断地发布商业推广视频外，很少有账号主体有针对性地持续介绍豫菜文化。虽然河南卫视《老家的味道》在持续播出，但也只是电视节目的跨媒体、跨平台传播，而非专门针对抖音这一平台所进行的内容生产。此外，很少看到具有官方权威背景的账号在积极宣传豫菜这一中原饮食文化。

五　内容同质化严重，缺乏创新意识

从豫菜饮食文化短视频传播的整体样态上看，豫菜文化类短视频的内容、形式趋同，根据视频拍摄的主题大致可以分为四类。其一，技艺传承类，通常表现为豫厨名师传授一些豫菜的制作工艺。其二，探店打卡类，主要指一些逛吃逛喝的自媒体博主前往豫菜馆子探店，发掘豫菜的"美食地图"，帮助受众品鉴出好吃又实惠的豫菜馆子，还包括了一些个人创作者前往豫菜馆子打卡、记录生活日常等行为。其三，文化科普类，赋予豫菜更多的文化内涵，通过故事性的叙述方式加深受众对豫菜的认知。其四，豫菜餐饮企业自主进行线上发声，完成商业宣传，这些餐饮店大多有抖音官方的"蓝 V"认证。

新媒体时代下 UGC 内容井喷，但创意化的表达十分紧缺。这几种类型的豫菜文化类短视频叙事节奏雷同，当有一条视频走红之后便会有无数人争相模仿和借鉴，抄袭现象丛生，短视频的创作已经不再是一个个富有创意的个性化表达，而是向后现代的机械化复制方向发展，例如探店类美食博主的视频文案、拍摄手法往往高度雷同，久而久之也会引起受众对此类视频的审美疲劳。很多视频，只需要看一个开头，就知道后续是什么内容，缺乏新意。而一些文化科普类视频，科普的内容也大多雷同，最受欢迎的主题为"豫菜为何走向没落""八大菜系中为什么没有豫菜？""豫菜的代表只有烩面和胡辣汤？"等。此外，李志顺和樊胜武等豫厨名师的采访片段，被各类创作者重复发布，对同一段视频采访素材进行重复利用而又不做出什么改变，这不仅仅是内容趋同、缺乏创意的问题，还涉及网络版权的问题，亟须进行规范与治理。要想突出重围，就必须摒弃简单化的情节、同质化的内容，否则豫菜类短视频的传播将受限。

第四节　豫菜饮食文化短视频传播的优化思路

一　创新话语表达方式，讲好豫菜的"文化故事"

短视频在助力文化传播方面具备极大的潜能，要想复兴豫菜，就必须牢牢守住这一阵地。如今，短视频的流量红利时代已然结束，经历了爆发式的野蛮生长期后，短视频将会进入下一个理性的发展阶段。在海量的创作与批量化的生产中，"内容为王"仍旧是决定成败的第一要素。要打造豫菜这一河南名片，就必须讲好"豫菜故事"。不能够只满足受众感官上的愉悦，而是去满足受众更高层次的精神需求。

要讲好"豫菜故事"，需要对豫菜文化进行更充分的挖掘与利用。"民以食为天"，几千年来孕育在中原大地上的美食故事数不胜数，并且在新时期下仍旧被传承和发展，这可以为传播者提供源源不断的创作思路。但这些得天独厚的历史文化资源没有得到充分的发掘与利用，应该从多个不同的维度展示豫菜的特色。对于豫菜文化的传播不应该只停留于制作工艺、美食口感、价格服务等方面，而是应当注重对豫菜文化内涵的渲染，尤其对于过往被严重忽视的医食文化、饮食器皿文化等，做好豫菜文化的普及工作。

此外，在叙事手法上应当推陈出新，以更加鲜活、更加生动的方式传播中原饮食文化，摒弃过往古板、模式化的套路，将豫菜的精彩准确生动地呈现出来。这方面可以借鉴短视频类美食纪录片《早餐中国》，该纪录片将中国的早餐文化与短视频形式巧妙地结合，一集时长约为 5 分钟，将美食纪录片短视频化，吸引了一大批年轻的观众。而豫菜文化类短视频在传播时，可以尝试将短视频"纪录片化"，取纪录片之所长，方能深化豫菜文化的意义表达，实现抖音短视频对豫菜文化的再现与重塑。

要将文化"商品化"，赋予消费行为以文化内涵。让·鲍德里亚在《消费社会》中指出，"今天的消费已然不是人的真实消费，而是意义系统的消费"。如今我们已经进入了消费主义的社会，许多传统文化在当下都成了带有文化符号的文化产品，很多豫菜也被打上了"文化商品"的标签，其独特的历史渊源和文化韵味促使消费者为其意义埋单。被赋予了文化意义之后，豫菜馆子也不再是普普通通的饭店了，而是中原饮食文化的传承者，这使得消费者的消费行为增加了另一层含义。

总体而言，在对豫菜文化类短视频进行传播的过程中，要特别注意增强内容的文化属性，提高内容的文化含量。

二　呈现"人间烟火"，唤醒家乡的味觉记忆

豫菜文化类短视频的内容十分缺乏人间烟火气，相关视频常常是在一家中高档的餐厅里，对于某个豫菜菜品或者食物进行特写，给人一种"不

食人间烟火"的感觉。豫菜虽然是"宫廷菜"的前身，但是除了包括制作精良、工序繁杂的各类菜肴之外，还有许多风味小吃和五大卤味，一些繁华的夜市小吃街上也有许多豫菜的身影，但这些在短视频上很少被见到。

人间烟火气，最抚凡人心。路边小贩操着方言的叫卖吆喝声、食客们举杯畅饮其乐融融的欢声笑语，以及食材加工烹饪时的嗞嗞声……能够让观众陶醉不已的，往往是美食背后的烟火气与浓浓的文化情，因此，豫菜文化在传播时，也可以多多呈现更加"市井"的夜市小吃一条街，或者其他烟火气息浓郁的美食旅游街区，让观众在感受河南具有地域特色的饮食文化的同时，能看到河南的风土人情，增加观众对于中原豫菜文化的认同感。

此外，在豫菜文化类短视频中，虽然也有对深街窄巷老胡同中的豫菜馆子的介绍，但采用的话语策略往往是"开了几十年的豫菜老字号"，这属于一种对客观事实的描述，虽然能够体现餐饮店"老字号"的招牌，却缺乏人情味儿。以下几种语言描述："完全是小时候的味道""我家小时候就是这样的""开了好几年，是成都学生的集体记忆，从小推车就开始卖了，后来老板在小区铁门边找了个棚子，也算是有个地方了"较有人情味儿。此类短视频传递了更多的情感。饮食符号与其他文化符号相比，具备明显的民族特征、凝聚功能和强烈的情感联结，以及具备使用频次高、更易传播、传播障碍小的优势。[①] 因此，豫菜文化在传播时，除了一些客观事实的叙述之外，还要在其中增添一些情感温度。作为人口大省的河南，在外众多游子也会思念"老家的味道"，在制作豫菜短视频时，可以以此为切入点，制作出更加打动人心的优质视频。

在叙事时，传播者也要采用更有人情味儿的叙述策略，增强与受众的互动，可以采用提问等方式来引导互动行为的发生。在豫菜文化类短视频的内容主题上，可以设置对于受众来讲新鲜而又未知的内容。在作品完成发布后，可以对评论区的评论进行及时的回复，或者是引导受众针对该问题展开讨论，以促进新的内容文本的生成。在传播时也要注重连贯性，要有始有终，大多数的豫菜文化的传播者受制于各种现实因素，更新频率不高，作品数量有限。应当在保证高质量内容的前提下，使作品数量稳步增

---

① 张楠：《以食为媒：饮食文化传播与国家形象建构》，《新闻爱好者》2020 年第 4 期。

长，平衡好内容质量与作品数量之间的关系。

三　巧借"他塑"，掀起线上与线下的"豫菜热"

通过观察抖音"豫菜"话题标签下的短视频可以发现，目前的豫菜文化传播仅仅停留在"自塑"阶段，这种"自塑"的主体，往往是一些逛吃逛喝的自媒体账号所做的商业推广，或者是一些有"蓝V"认证的餐饮店所做的商业宣传，给人最为直接的观感是"王婆卖瓜，自卖自夸"。而他们主要面向的受众群体是河南本地人，其目的都是吸引消费者前来线下的门店完成美食消费。豫菜文化的传播，若仅仅依靠这些，便很难"走出去"。因此，我们应当借助"他塑"的形式，实现对豫菜文化的再现和重塑。

利用外地游客来进行"他塑"是一种很好的传播方式。以西安为例，西安因短视频而成为"网红城市"，并成功实现了线上流量与线下客流的聚合，西安所依托的秦唐文化再次走入了人们的视野。其走红原因与许多外地游客的"打卡"行为密不可分：不少人远赴千里，只为一赏"摔碗酒"。在豫菜文化类短视频中却很少看到外地游客前来打卡与鉴赏的身影。建议一些豫菜馆子设置"打卡"优惠活动，借食客之口来完成宣传工作，而非自说自话、自卖自夸。

另外，豫菜文化在传播时也应当把握机遇、借势传播。近年来，一些热播电视剧中频频出现豫菜文化的影子。热播电视剧《风起洛阳》中被称为"美食博主"的百里弘毅，在剧中多次品鉴中原传统美食，例如蕴含南北民族文化交流的酥酪、被网友戏称为"大唐皇家特供回转自助水席"的创意洛阳水席等。豫菜文化应该巧借这股东风，趁着热度大力宣传。又比如《知否知否，应是绿肥红瘦》与《梦华录》所播出的是发生在东京汴梁（今河南开封）的故事，这同样是"豫文化"受到全国关注的大好时机，女主角的一句台词"东京真是富贵迷人眼"被作为背景音乐的一部分，广泛用于开封夜市相关的短视频中。开封是豫菜文化的重要发源地之一，其夜市中的许多风味小吃均属于豫菜行列，具有地域特色。洛阳、开封都是有着千年文化特色的美食之乡，在《风起洛阳》《梦华录》此类电视剧热播时，可以顺势而为、加大宣传，在豫菜文化上大做文章。

四 官方与民间合作，积极挖掘商业变现方式

在短视频时代下，豫菜文化相关的短视频拍摄更具有市场导向，转变了叙事策略，追求市场效果。目前豫菜文化类短视频的传播呈现"一盘散沙"的态势，专业化的创作团队难以在此领域持续盈利，而个人创作者缺乏专业指导难以生成优质内容等，这种环境不利于豫菜文化的传播与复兴。要想改善现状，可以从以下几个方面入手。

要减少病毒式营销，扶持专业团队。过往的短视频传播实践已经证明了传统文化的传播与流量热度可以兼得，例如致力于弘扬中华优秀传统文化的李子柒，在海内外平台上圈粉无数。而在豫菜文化类短视频中，很少看到内容精良、画面唯美讲究的优质内容，专业生产团队匮乏。根据克劳锐发布的《2020年中国MCN行业发展研究白皮书》，我国MCN数量突破2万家，专业化团队往往掌握着流量密码，并且能够持续更新和输出关于豫菜文化类的优质短视频内容，因此要引入专业化团队加入豫菜文化的传播行列。同时，应邀请更多的豫厨名师加入短视频的创作和演绎中，除了进行职业展演外，还可以展现生活日常。对于一些富有个人魅力、拥有创作激情的厨师给予奖励。

抖音官方可以设置一定的豫菜文化创作激励举措，一方面可以为弘扬中原优秀传统文化做出贡献，另一方面增加平台内的正能量、消解低俗之风。抖音官方在2020年、2021年均发布过面向美食创作者的扶持计划，2020年全年为"美食趣胃计划"，2021年全年为"抖音美食创作人"活动，意在邀请更多网友参与到美食视频的创作中去，挖掘更有创意、更有文化的美食做法、玩法、吃法，并给予优秀创作人官方流量扶持、"DOU+"奖励、平台资源曝光、抖音限量周边等，激励其持续生产原创内容。抖音官方可以与河南省餐饮与住宿协会合作，通过策划相关的话题活动，号召广大用户参与豫菜这类地方饮食文化的传播。政府或餐饮协会也可以加大对豫菜文化类优秀短视频的扶持力度，给予资金支持。抖音的流量扶持与政府的资金支持相结合，便可以实现商业变现和内容生产的良性循环，实现平台、创作者、政府的互惠共赢。

河南本地也应当加强对豫菜文化的重视。2021年河南春晚凭借《唐宫

夜宴》爆火出圈，之后又趁热打铁，在元宵节、清明节、端午节、中秋节等节日推出节日晚会，融入了不少地方文旅元素，让"豫文化"成功"出圈"。但这类歌舞类节目以民俗文化、少林文化的展示为主，在饮食文化的展现上发力较少。河南本地应举办豫菜文化相关的展会、节事活动，并与本地媒体合作，加大宣传力度，让豫菜文化被更多人看到。

本章小结

中华民族饮食文化源远流长、种类多样，不同地域的饮食都有着不同的特色和历史，而中原饮食文化作为其重要分支之一，是中国传统饮食文化的重要组成部分。豫菜文化作为中原饮食文化的代表，在短视频时代迎来了新的发展机遇。

如今，在抖音短视频平台上，多元主体都加入了豫菜文化的传播行列：豫厨通过职业展演盘活手头的资源，在短视频上获得"可见"；探店类美食博主通过带领屏幕前的观众发现"好吃又实惠的豫菜馆子"，帮助受众做出美食消费行为的决策；在跨媒体、跨平台传播常态化下，一些原有的电视节目素材被二次创作；文化科普类博主虽占比较小，但也是豫菜文化传播的中流砥柱。

与此同时，豫菜文化类短视频在传播的过程中存在一些问题：传播热度低；商业价值导向明显，过度诱导消费；文化韵味被消解；低门槛导致摄制技术参差不齐，创作更新缺乏持续性；内容同质化严重，缺乏创新意识等。

本研究为推动豫菜饮食文化的短视频内容生产提供了一些优化建议。其一，创新话语表达方式，讲好豫菜的"文化故事"；其二，呈现"人间烟火"，唤醒家乡的味觉记忆；其三，巧借"他塑"，掀起线上与线下"豫菜热"；其四，官方与民间合作，积极挖掘商业变现方式。

总而言之，豫菜饮食文化的传播既要兼具传播热度，也要兼具情感温度，更要兼具文化深度，简明扼要又富有创意。豫菜文化的传播者应借助短视频平台打造好"豫菜"这一河南文化名片，在全国乃至全世界范围内掀起一股"豫菜热"。为了保留原汁原味的豫菜文化和复兴豫菜，传播者在进行创作时还要因地制宜、量体裁衣，根据豫菜文化的传播现状，探索豫菜传承路径，并将豫菜与其他中原文化的多元符号相结合，通过微观主题的拼接构成短视频河南区域形象的图景，让中原文化在新时代仍旧焕发光彩。

第五章　短视频与中原红色文化传播

党的十八大以来，以习近平同志为核心的党中央高度重视红色文化的传承与弘扬。党的十八大闭幕后，习近平总书记先后前往河北西柏坡中共中央旧址、山东华东革命烈士陵园、福建古田会议会址、陕西陕甘边革命根据地照金纪念馆以及贵州遵义会议会址等红色故地进行考察，其间，习近平总书记分别于2014年3月、2014年5月和2019年9月，到河南省境内的兰考县和新县两地进行考察，实地探访焦裕禄纪念馆、鄂豫皖苏区首府烈士陵园等红色教育基地，并强调"加强革命传统教育、爱国主义教育、青少年思想道德教育，把红色基因传承好，确保红色江山永不变色"[1]，展露出对传承和弘扬河南当地红色文化的殷切期盼和迫切要求。

同时，这片拥有悠久历史积淀和深厚革命渊源的中原土地蕴藏着十分丰富的红色文化资源。早在2011年，河南省就已有647处红色旅游资源被评选为县级以上文物保护单位，有306处县级以上的爱国主义教育基地或爱国主义教育示范基地。[2] 但是，这些红色资源地理位置较为分散，如何利用新的传播方式进行资源整合、集中输出成了亟待解决的问题。

第一节　中原红色文化概述

一　红色文化内涵

关于红色文化的含义，学界尚存有争议。目前，这些由不同学者所阐

---

① 习近平：《论党的青年工作》，中央文献出版社，2022，第101页。
② 李东红、胡巨成：《期待河南红色旅游"红"起来》，《河南日报》2011年9月8日，第9版。

释的定义大致可分为以下三种。

其一，资源文化论。持有这类观点的学者将红色文化当作一种有现实指导意义和开发利用价值的文化资源。例如，李实提出在中国共产党领导的革命和建设过程中，民族精神被升华，产生"红色文化"。承载"红色文化"的物质总和构成了"红色资源"，二者是一体两面、不可分割的。①

其二，革命文化论。支持这类论断的学者将红色文化的背景时间框定在革命战争期间，认为红色文化正是在此塑造并据此成型的。例如，李水弟和傅小清等人认为，红色文化是在新民主主义革命时期，以马克思列宁主义为理论指导，结合中国革命的具体实践，由中国人民在党的领导下创造的无产阶级政治文化。②

其三，发展文化论。持有这类意见的学者认为红色文化不是已发展成型，而会随着时代的发展不断被赋予新的内涵和典例。例如，中国红色文化研究会会长刘润为曾指出，红色文化是在长期革命、建设、改革进程中，中国共产党领导人民创造的以中国化马克思主义为核心的先进文化，这种文化横跨的历史时间段十分漫长，可从过去延伸至未来。③

这几种观点都承认中国共产党和中华民族在红色文化创造过程中的作用，只是侧重视角略有不同。笔者比较认同的是第三种观点，即在近现代中，中国人民在中国共产党的领导下对中国开展了一系列创造性改造实践，并由此塑造发展了红色文化。红色文化不是一潭死水，而是处于一个不断交汇壮大的发展过程中。

二 中原红色文化特点

其一，红色文化资源总量丰富。目前，河南省至少有 647 处红色旅游资源被评选为县级以上文物保护单位。同时，当地不乏高质量的红色文化资源。据河南省文化和旅游厅所公布的数据，截至 2022 年 4 月 28 日，河

---

① 李实：《准确认识"红色资源"的丰富内涵》，《政工学刊》2005 年第 12 期。
② 李水弟、傅小清、杨艳春：《历史与现实：红色文化的传承价值探析》，《江西社会科学》2008 年第 6 期。
③ 刘润为：《红色文化：中国人的精神脊梁》，中国文明网，2013 年 9 月 24 日，http://www.wenming.cn/ll_ pd/wh/201309/t20130924_1487301. shtml。

南省已有 44 家被评为 A 级以上的红色旅游景区（点），已有 14 家全国红色旅游经典景区。[①]

其二，红色文化资源分布分散。在红色文化资源的空间分布上，河南呈现"南北两片、中间一线"的特点，信阳和安阳坐镇南北，洛阳、郑州、开封和商丘则连成一线，并从中间穿插而过。[②]

其三，融会中原优秀传统文化。河南省地处中原，水土丰美，是华夏民族和中华文明的重要发源地。在历史长河中，多次成为政治中心、经济中心、文化中心，培植出底蕴深厚的中原文化。河南省的红色文化也与之交融，产生独具河南特色的红色文化资源。例如，《愚公移山》本是战国道家学派代表思想家列子，在郑州青龙山附近隐居时所创作的一则寓言短文。1945 年，毛泽东同志在中共七大致闭幕词《愚公移山》，"愚公移山精神"被赋予了全新内涵，从此成为我国党和人民的重要信念支柱。故事中被"移"的"王屋山"，位于河南济源，该地虽然人口稀少、地域狭小，但凭着融在当地人的基因血脉中不畏艰苦的"愚公移山精神"，取得了良好的经济发展态势，多项经济指标增幅多年居全省前列。

三　中原红色文化的历史轨迹

中原红色文化的时间连续性较强，在各个历史阶段都会形成不同红色文化成果，形成了蔚为壮观的红色文化景观。考虑到这一点，本书依照时间顺序将中原红色文化的历史轨迹梳理如下。

（一）中国共产党成立初期

自中国共产党诞生以来，中原地区的群众就积极参与各项革命活动。时值第一次世界大战，河南的近代工业迅速发展。五四运动时期，河南约有 4 万名工人。省内由京汉铁路管理局开设的工厂有 500 多名工人，陇海

[①] 《关于河南省红色旅游景点数量及名单的问题》，河南省人民政府官网，2022 年 4 月 28 日，http://www.henan.gov.cn/2022/04-28/2443000.html。

[②] 《红色旅游看河南》，老家河南网，2020 年 10 月 19 日，http://www.laojia-henan.com/travel/48_1712.html。

铁路在洛阳和开封两地所设立的工厂也共有 2000 多人。① 坚实的工人阶级基础和重要的铁路枢纽位置，使得河南在 1921 年 11 月的陇海铁路工人大罢工和 1923 年 2 月的京汉铁路工人大罢工中，都扮演了重要的角色。陇海铁路工人运动后，河南组建了省内第一个党组织——中共洛阳组。京汉铁路工人运动后，发生了"二七"大罢工事件，郑州的知名红色旅游景点——二七纪念塔正是为此而建。

（二）土地革命战争时期

第一次国共合作破裂后，中国共产党遭到国民党反动派的打击，受到重挫。1927 年，八七会议召开，确定了开展土地革命和武装夺取政权的总方针。会后，河南人民在党的领导下，开展了几十次大大小小的农民暴动和武装起义，其中比较知名的是发生于信阳市的四望山农民起义和商城起义，后者促进了豫东南革命根据地的建立，为在大别山区开展工农武装斗争创造了有利条件。

1930 年 6 月，鄂豫皖革命根据地正式建立，并逐渐发展成全国第二大革命根据地。② 信阳市新县是鄂豫皖苏区第一块革命根据地，红一军、红四军、红二十五军、红二十八军等主力红军先后于此走出，为中国革命做出了巨大牺牲与贡献。③ 这里也是全国十大"将军县"之一，哺育了包括许世友上将、李德生上将、郑维山中将、张池明中将等在内的 43 名共和国将军。

（三）抗日战争时期

河南省地处中原，区位独特，不仅是华北抗日战场的后方，也能起到连接南北战场、屏护西北地区的作用，在全国抗日战争中占有重要地位。1937 年，中共河南省委于开封重建，成为全省人民抗战的引路灯塔。在党的领导下，河南人民广泛参与，开展游击战争，设立敌后根据地。晋冀豫

① 牛珂珂：《河南第一个党组织——中共洛阳组的成立》，《河南日报》2021 年 4 月 23 日，第 11 版。

② 陈静：《土地革命风暴中的河南党组织》，河南省人民政府官网，2021 年 4 月 28 日，ht-tp://m. henan. gov. cn/2021/04-28/2135562. html。

③ 《中国十大"将军县"的将帅传奇："户户有红军"的河南新县》，中国文明网，2016 年 8 月 10 日，http://www. wenming. cn/syjj/dfcz/hb_1679/201608/t20160810_3584652. shtml。

抗日根据地、晋豫边抗日根据地、冀鲁豫抗日根据地、豫皖苏抗日根据地以及鄂豫边抗日根据地等被先后开辟，涌现一批包括吉鸿昌、杨靖宇、彭雪枫、沈东平、马庆华等在内的抗日烈士。全省10万余人自愿加入八路军和新四军，其中有2万人牺牲在抗日战场。①

1938年，中共中央中原局在确山县竹沟建立，刘少奇同志任书记，管理长江以北的河南、湖北、安徽、江苏四个地区的党的工作。这里随后又组织了一系列的训练和学习课程，为新四军二师、四师、五师输送了大批人才，还为新四军三师、七师培训了部分骨干力量。② 因此，竹沟也享有"小延安"的美誉，竹沟革命烈士陵园也是我国红色旅游经典景区之一。

（四）解放战争时期

这一时期，中原地区成为敌我双方角力的主要战场之一，具有十分突出的战略地位。当时，蒋介石将河南省划分为19个"清剿区"，妄图开展反扑计划。国民党通过"谈判"掩盖真实意图，信阳罗山谈判、新乡安阳谈判和开封谈判是河南省境内比较知名的几次谈判活动，③ 这些谈判活动也为中国共产党领导的解放区的恢复和建设提供了时间。

1946年6月26日，国民党反动派将主要火力对准中原解放区，发动全面内战。在党的领导下，河南解放军成功从国民党军队的包围中突围，顺利战略转移至豫鄂陕三省边区，并设立了鄂豫陕根据地和鄂西北革命根据地。

1947年，中共中央决定兵分三路，由刘伯承和邓小平、陈赓和谢富治、陈毅和粟裕率领，分别向大别山地区、豫陕鄂边地区、豫皖苏地区发起反攻。③同年6月，刘邓大军挺进大别山，拉开了人民解放军战略反攻的序幕。值得一提的是，河南省新县正是刘邓大军挺进大别山的落脚地，当地建有刘邓大军千里跃进大别山纪念馆。

---

① 《艰苦卓绝的河南抗日战场》，河南文明网，2015年7月7日，http://hen. wenming. cn/tuijianyuedu/201507/t20150707_2715707. html。

② 李钊、刘波、李凯：《确山竹沟"小延安"红色基因代代传》，《公民与法（综合版）》2021年第5期。

③ 王姣艳：《传承与弘扬河南红色基因的时代价值》，《河南财政税务高等专科学校学报》2021年第5期。

1948 年 11 月 6 日，解放战争中的三大战役之一——淮海战役开始，河南永城市陈官庄正是该战役的重要战场。经过四天四夜的激战，国民党徐州"剿总"副司令杜聿明被生俘，解放军共歼灭 26 万名敌军，这是淮海战役中歼敌最多、意义最大的一次胜利，为淮海战役的胜利画下完美句点。① 坐落于该地的 4A 级红色旅游景区——陈官庄烈士陵园，正是为纪念此事而建造的。

（五）中华人民共和国成立后

无论是社会主义建设，还是改革开放推行，都需要红色文化提供价值筑基和精神滋养。因此，红色文化和时代相结合，实现了进一步丰富和发展。这片承载过鄂豫皖苏区斗争、孕育过竹沟"小延安"精神的沃土，在新时代将红色记忆转化为发展动能，如大别山革命老区通过红色旅游带动 30 万名群众脱贫，兰考县运用"焦裕禄工作法"破解基层治理难题，印证着红色基因的持久生命力。

中原人民依然秉承红色文化的精神内核，并用亲身实践丰富红色文化的内涵。焦裕禄精神、红旗渠精神等红色精神，任长霞、史来贺、王百姓、吴金印等红色人物事迹，焦裕禄纪念馆、任长霞纪念馆、邓州编外雷锋团展览馆等红色纪念场所，都是对中原红色文化的生动展现。这些实践创新使红色精神既保持"艰苦奋斗"的本质特征，又增添"创新创业"的时代注脚，无不构成着展现中原红色文化时代魅力的传承体系。

第二节　中原红色文化传播现状概述

一　中原红色文化传播载体

中原红色文化积累深厚、体量可观。相关部门在进行中原红色文化传播时，采取了各种各样的传播形式，利用了多种多样的传播载体。具体梳理后，可分为以下几类。

---

① 刘国瑜：《河南红色文化在文化强省战略中的地位及其开发利用的研究》，硕士学位论文，河南大学，2013。

（一）物质载体传播

中原红色文化传播的物质载体数量庞大、种类繁多。主要可分为以下三个部分。

第一，事件类物质载体。这类载体和中原历史上发生的一些革命运动、战争战役，以及会议开展、组织机构设立等重大事件有关。例如，陇海铁路总工会旧址、二七罢工纪念塔和纪念堂、焦作煤矿工人大罢工纪念馆等罢工运动类载体；四望山起义纪念地、罗山长岭岗抗日遗址、斛山寨战斗纪念地、信阳息县刘邓大军渡淮纪念馆、淮海战役双堆集歼灭战纪念馆等革命战争类载体；光山王大湾会议旧址纪念馆、新县箭厂河会议旧址、渑池县中共豫西特委扩大会议旧址等革命会议类载体；洛阳"中共洛阳组"诞生地纪念馆、三门峡豫鄂陕党政军机关旧址、新县鄂豫皖边区苏维埃政府旧址、禹州河南军区机关旧址等旧设组织机构类载体。

第二，人物类物质载体。这类载体多围绕一位或多位人物的生平事迹或居住地点展开。例如，杨靖宇将军旧居纪念馆、焦裕禄同志纪念馆、许昌杨水才纪念馆、登封任长霞纪念馆等人物主题展馆；镇平彭雪枫故居、新县许世友故居、扶沟吉鸿昌故居、驻马店杨靖宇故居等人物故居。

第三，精神类物质载体。这类载体多和经典红色精神相关，是其直接源发之地或间接践行之所。例如，"红二十五军长征精神"源地所建设的何家冲景区、"红旗渠精神"源地所建设的林州市红旗渠纪念馆、践行"大别山精神"的田铺大塆古村落景区等。

（二）非物质载体传播

中原地区文化历史悠久，具有丰富的文化和艺术表达形式。因此，中原红色文化也借由多种非物质载体实现广泛传播。这些非物质载体可以分为以下四类。

第一，戏曲类。豫剧是中国五大剧种之一，早在清代乾隆年间就盛行于中原大地。因此，依托戏曲传播红色文化成为河南的一贯之选。从歌颂革命烈士江竹筠同志的《江姐》、记录共产主义战士吴琼花成长经历的《红色娘子军》、赞美抗日战争时期地下工作者的《红灯记》等改编剧目，到讴歌"县委书记的好榜样"的《焦裕禄》、展现豫东人民为淮海战役所做巨大贡献的《小推车》、讲述中原山村实现绿色发展故事的《中国红》等原创剧目，中原红色文化的戏曲传播一直拥有生机与活力。

第二，话剧类。话剧是近年来中原红色文化经由文艺途径传播的一个新方向。相较于戏曲艺术，话剧的观赏门槛更低，也更富有生活贴近感，在传播中原红色文化方面拥有独特优势。以林县人修筑"人工天河"为创作题材的《红旗渠》和以京汉铁路工人大罢工为创作题材的《二七塔下》等红色话剧，都收到了良好反响。前者还荣获全国戏剧文化金狮剧目奖，于全国各地巡回表演。

第三，影视类。纪录片和专题片是中原红色文化传播的主要形式，它们能更加系统和全面地呈现红色文化，便于在多个平台上线上传播，也成为传播中原红色文化的重要文艺载体。例如，述说开封党史的《砥砺初心》、记录商丘党史的《红色百年·商丘记忆》以及纪念安阳解放的《历史不会忘记》等。

第四，文本和绘画类。通过出版儿童读物和通俗读本传播红色文化，例如，通过面向中小学生的《大别山红色故事选编》和面向成人的《红色中原》等书籍传播红色文化。这确保红色基因得以代代相传，红色记忆得以绵延不绝。此外，动画和漫画是中原红色文化传播的重要形式。以焦裕禄同志的事迹为题材的动画片《焦裕禄》和系列漫画《一棵泡桐映初心》，都是其中的代表作品。

二 中原红色文化传播特点

（一）政府牵头，多方参与

在河南省委的指导下，河南省各级政府、各个部门密切配合，多措并举，牵线搭桥，吸引各方社会力量参与，广泛动员人民群众，推动中原红色文化传播。具体而言，可以分为以下几个方面。

第一，出台系列政策文件。河南省政府及时出台各类意见、方案、通知等不同类型的公文，推动省内各地区红色文化的发展传播。以大别山革命老区为例，早在2016年4月5日，河南省政府就印发了《大别山革命老区振兴发展规划实施方案》，指出要弘扬大别山精神，厚植当地发展传统，挖掘和整合当地的红色文化资源，打造红色旅游名片。① 2021 年 9 月 6 日，河南省政府又发布了《关于新时代支持革命老区振兴发展的实施意见》，指出提升红色文化影响力是当地振兴发展主要目标之一，应加强对红色资源的保护利用，竭力传承红色基因，打造闻名全国的红色文化传承区。② 2022 年 12 月 31 日，河南省政府又印发了《河南省"十四五"文化旅游融合发展规划》，仍提到要以大别山地区为开发重点，推进包括大别山精神在内的当地红色文化和景区的紧密结合，打造能辐射全国的精品红色旅游路线。③ 这三个文件相互衔接，为大别山人民传播红色文化提供了准确指导和权威依据。

第二，开展红色主题活动。河南省各级政府主办或合办了内容丰富且蕴意深刻的红色文化主题活动。例如，信阳市举办的红色文化创意设计大赛、安阳市举办的红色经典诵读活动、漯河市举办的"红色电影"百日展映活动、河南省政府举办的红色故事讲解员大赛等。这类活动或引入竞技选拔机制，或富有情绪感染力量，能动员群众参与和围观。同时，这类活动的责办主体十分多元化。例如，上文中所提到的信阳红色文化创意设计大赛，其承办方和协办方中既有市财政局、市教育体育局和市文化广电和旅游局等行政单位，也有市委网信办、信阳日报社、信阳广播电视台、市文化产业协会等事业单位，还有信阳师范学院、信阳农林学院、信阳学院、信阳职业技术学院等高等学校。多方协力的过程，实际上也是当地红色文化被进一步扩散和内化的过程。

第三，推出多种帮扶措施。河南省各级政府深入推进"文化惠民工程"，采取多样化的帮扶举措，在全省营造红色文化氛围，涵养红色精神基因，助力红色文化传播。这主要包括以下几个方面。首先，免费开放公共文化设施。以河南省确山县为例，无论是诸如县文化馆和县图书馆的基

---

① 《河南省人民政府关于印发河南省大别山革命老区振兴发展规划实施方案的通知》，河南省人民政府官网，2016 年 4 月 25 日，https://m. henan. gov. cn/2016/04-25/239453. html。

② 《河南省人民政府关于新时代支持革命老区振兴发展的实施意见》，河南省人民政府官网，2021 年 9 月 10 日，https://m. henan. gov. cn/2021/09-10/2310627. html。

③ 《河南省人民政府关于印发河南省"十四五"文化旅游融合发展规划的通知》，河南省人民政府官网，2022 年 1 月 13 日，https://m. henan. gov. cn/2022/01-13/2382423. html。

础文化场馆，还是包括竹沟革命纪念馆和临时治安委员会旧址纪念馆等的红色文化场馆，都常年免费对外开放。其次，创新城乡基层治理模式。以河南省桐柏县为例，当地设立了集学习、活动、服务、调解、议事等功能为一体的"红色驿站"，打造了"政府集中出资采购，群众免费扫码听取"的"人人书屋"，创建了提供日间照料、党员代办、有声阅读等十大类服务的"幸福小院"，推出了支部委员和业主委员会成员"双向进入、交叉任职"的"红色物业"等，让红色文化融入民众的日常生活。① 最后，完善和普及配套设备。河南省政府积极推进"IPTV"（借由专用宽带网络，通过机顶盒收看电视）模式建设，全省目前已建成4.7万个村级基层服务点和6万余个入户站点，基本已覆盖省内所有的乡镇和行政村，② 为红色文化的传播提供了先进的设备支持。

（二）寓学于传，寓研于传

中原红色文化存续悠久，在和各个地区的风土传统以及时代实践相融合后，形成了类目众多、总量丰厚的复杂体系。因此，对中原红色文化进行学习和研究，成了该地域红色文化传播的鲜明"中原特色"。

具体而言，就是以"三学院三基地"（焦裕禄干部学院、红旗渠干部学院、大别山干部学院和愚公移山精神教育基地、新乡先进群体教育基地、南水北调精神教育基地）为中原红色文化研学核心，多措并举、寓学于传、寓研于传。这主要包括以下几点。

（1）进行红色教育培训，寓学于传

"三学院三基地"大多于2013年左右建成，迄今已有十余年的历史。其教学经验较为丰富，教学方法十分多样，教学模式基本成熟。以焦裕禄干部学院为例，该学院于2013年8月成立，是中组部所认定的全国14所地方党性教育特色基地之一。

该学院的学员包括党和政府干部、高等院校管理人员、企业管理者、专业技术人员等，身份各异，使该院的红色教育能够在社会政治、经济和

---

① 李向东：《河南桐柏：红色文化筑牢富民强县根基》，百度百家号，2021年4月19日，ht-tps://baijiahao.baidu.com/s? id=1697482690132539941&wfr=spider&for=pc。

② 王晓欣：《河南省文化惠民工程正在走向深入》，中国文明网，2011年12月1日，http://www.wenming.cn/whhm_pd/yw_whhm/201112/t20111201_407031.shtml。

文化不同层面统筹发力。同时，该学院采取灵活的选课和组课模式，学员可自主选择学习板块和具体课程，这使各个层次、各种类型的差异化培训需求都能得到满足。

在教学内容上，主要有现场参观、理论教学、亲身体验、事件见证人互动、相关影视剧观看等板块。[1] 理论学习和亲身实践相结合，课堂知识传授和自主互动探究相结合，焦裕禄精神的官方系统阐释和学员个人定义相结合，确保焦裕禄精神能真正深入人心并成为学员的思想支柱。此外，该学院近年来添加了廉政专题、文化教学模块，与时俱进，为红色文化教育注入时代精神。

2021年5月，焦裕禄干部学院每周举办的培训班次已在30个左右，单月的培训量接近6000人。[2] 培训规模日益扩大，展现出该学院在传播焦裕禄红色文化方面所具有的显赫声望和取得的突出成就。

（2）辅助红色文化研究，寓研于传

在专注教育培训本职工作之余，"三学院三基地"也在省委、省政府的统筹安排下，从事对应部分或所在地区的红色文化研究，并发表成果。例如，在河南省委组织部的安排下，焦裕禄干部学院和红旗渠干部学院分别编写了《焦裕禄精神简明读本》《红旗渠精神简明读本》，为中原红色文化提供了更为精细、规范、科学的文字注脚，使其在传播宣传过程中更具系统性。

以焦裕禄干部学院为例，该学院积极推进焦裕禄精神红色文化研究。目前，该院已经建构了"以事迹类为主，理论类和中外文类为辅"的教材使用体系，先后有三本教材、两门课程分别入选全国干部教育培训好教材、好课程，一本教材获评中宣部地方优秀外宣书籍一等奖。其中，该学院于2021年2月公开出版的《焦裕禄精神》一书，突破按时间顺序讲述事迹的传统写法，另辟蹊径，着力从党史状况、理论分析、现实印证三个方向入手，多层次阐释焦裕禄精神。该教材推出后，各界好评如潮，并成

---

① 贾关青：《焦裕禄干部学院——党性教育特色基地》，《中国领导科学》2018年第1期。
② 魏东柱、明洋：《焦裕禄干部学院党史学习教育有声有色》，开封网，2022年5月27日，https://www.kf.cn/c/2021-05-27/454815.shtml。

功入选中组部所发布的"全国干部教育培训好教材好课程推荐目录"。

（三）文旅结合，助力振兴

中原红色文化在革命战争时期进入繁荣发展阶段，河南省内红色文化资源多集中于历史传统悠久、自然景观优美的乡间村庄。然而，由于交通不便、地处偏远、产业落后等，这些坐拥丰富红色文化的村庄往往难以发展，甚至人口凋敝，这也成为中原红色文化保护、开发、利用和宣传等工作中的一个比较棘手的问题。因此，中原红色文化在传播时，也应注重和当地的民俗传统文化、绿色生态文化联动，糅合多种文化发展红色旅游产业，助力乡村振兴。

2019 年 9 月，习近平总书记在新县田铺大塆进行考察调研时指出："依托丰富的红色文化资源和绿色生态资源发展乡村旅游，搞活了农村经济，是振兴乡村的好做法。"[1] 以田铺大塆地区为例，截至 2021 年，全县已建成 16 个 3A 级以上景区，打造了 27 处乡村旅游点，旅游从业人员已超过 5 万人，80%以上的贫困群众在旅游发展各环节受益。[2] 同时，当地积极建设民宿、农家乐、生态园、露营公园等，完善配套食宿设施。通过探索"红色生态游""红色体育游""红色研学游"等文旅模式，将第一、二产业纳入第三产业的发展规划中，实现了产业结构的优化调整，提高经济发展水平。仅 2020 年一年，新县就接待了 926.5 万人次规模的游客，旅游综合创收高达 69.3 亿元，[3] 显示出当地文旅产业对经济发展的强大支撑作用。

2021 年 6 月，河南省文化和旅游厅推出了"建党百年红色旅游十条精品线路"。这些路线中所包含的旅游景点类型十分多样。以"红旗渠精神"精品路线为例，不仅有红旗渠纪念馆、石板岩供销社扁担精神纪念馆等红色文化景区，也有高家台村、石板岩南湾村等古村落景区，还有安阳中国

---

① 《习近平考察新县田铺乡田铺大塆》，中国青年网，2019 年 9 月 17 日，https://m. youth. cn/qwtx//bt/201909/t20190917_12070000. htm。

② 姜玉函：《河南新县：山水全域游 点亮新农村》，中国新闻网，http://www. ha. chinanews. com. cn/news/hnxw/2021/0619/38244. shtml。

③ 阚力等：《革命老区新县："争红斗绿"中奔向振兴》，开封网，2021 年 6 月 19 日，https://www. kf. cn/c/2021-05-27/454815. shtml。

文字博物馆、安阳殷墟博物院等历史文化景区，更有林州大峡谷、林虑山国家滑翔基地等自然地理景区。红色文化和生态景观、历史文化、风土民俗交相辉映，实现了"红""绿"结合、"红""俗"结合、"红""古"结合，全方位调动当地文化，增强当地旅游产业的竞争力和吸引力，间接提升了当地红色文化的传播力。

三 中原红色文化传播中存在的问题

（一）单向传播，互动性较差

在中原红色文化传播中，各级党委、各级政府，以及由它们支持设立的红色纪念馆、红色遗址保护区、烈士陵园、名人故居等红色文化相关事业单位，还有红色教育院校、红色教育基地、高等院校等红色文化相关科研单位，构成了中原红色文化传播的主力。

然而，无论是党政机关的意见下达，还是红色场馆的讲演解说，或是基地院校的教育教学，在不同程度上都可被看作一种"单向传播"。在这些传播模式中，广大人民群众作为红色文化创造者和享用者的地位并未得到充分重视，其作为传播主体的可能性被忽视，在红色文化传播过程中的主动性和创造性都受到抑制，甚至其主动性和创造性面临扑灭风险。

美国传播学家伊莱休·卡茨曾提出"使用与满足"理论，认为受众是为了满足自身的某些特定需求，才进行媒介接触活动的。[①] 这说明在传播活动中，受众是不以他人意志为转移的客观存在，可以积极发挥能动性并影响传播效果。在当下新媒体盛行的传播环境中，网络令发生在遥远时空里的他人之事成了可供受众掌握的"周围之闻"。同时，网络为更多受众递上了"传声筒"，使其得以顺畅地进行意见表达和观点输出。

总之，在新媒体时代，受众解码和编码的潜力得到很大激发，这不仅为其提高在红色文化传播过程中的参与度提供了依凭，也使其不太习惯于"单向传播"这种守旧的红色文化传播模式。并且，大部分新媒体平台开设评论区、留言板、意见反馈邮箱等互动机制，这也间接培养了受众对媒体的互动使用习惯，提升了受众对红色文化传播的互动期待。因此，提高

---

① 刘海龙：《大众传播理论：范式与流派》，中国人民大学出版社，2008，第266—293页。

中原红色文化传播互动性，已是刻不容缓。

（二）传播模式僵化，创新不足

中原地区红色文化资源丰富、传播主体多样、传播渠道也比较广泛，但在传播内容上存在固定套路和照搬模板的不良现象，缺乏创新性。

以红色故事会为例，2017 年，河南省首届红色故事会在信阳举行。与会的讲解员都是从省内百余名专业讲解员中"杀"出重围、通过了层层选拔的。通过其抑扬顿挫、字正腔圆、声情并茂的专业演讲，一些埋藏在红色故事宝库中知名度较低但代表性很强的沧海遗珠得以重见天日。以河南日报报业集团旗下的河南日报客户端、大河客户端、豫直播为代表的省内新媒体平台，对该次红色故事会进行了全网同步直播。这种红色文化传播形式在当时是十分新奇的，加上人员选拔严格、事例选取得当以及投放平台众多，开播伊始，就得到大量关注。据官方事后统计，直播当天，来自五湖四海的近百万名网友在线聆听了这 10 个感人至深的红色故事，这场红色故事会成为河南省开拓红色文化宣传局面、传承和弘扬红色文化的创新开端和有益尝试。

然而，这次成功经验在推广的过程中逐渐僵化，后续的传播者没有对其进行深入总结和发展创造，而是照抄照搬。随后的一两年中，濮阳市、漯河市、鹤壁市、平顶山市等数十个省市，都先后举办了所谓的"红色故事会"。这些活动的比赛流程、选拔规则、内容设置，基本和之前信阳举办的首届省内红色故事会毫无二致。这种盲目模仿，甚至可称为复刻的传播形式"借鉴"，不仅毫无吸引力，难以达到预期成效，甚至易使受众产生审美疲劳，消耗现有的优秀传播形式。无论是着眼于短期效果，还是聚焦于长远影响，都不利于中原红色文化的传播。

（三）推广力度不够，缺乏吸引力

虽然省委和省政府较早关注中原红色文化，并采取多种举措，加大财政倾斜力度，动员省内群众广泛参与中原红色文化传播，但总体而言，目前省内红色文化的推广力度依然有待进一步加大，对于全国其他地区的人而言，河南省红色文化缺乏强有力的吸引力，国内竞争力较弱。

2021 年，中国旅游研究院联合马蜂窝自由行大数据联合实验室展开研究，并发布了《中国红色旅游消费大数据报告（2021）》①。这份报告指出，41.7%的受访者参加红色旅游的次数达到 3 次，红色旅游搜索热度较 2020 年同期增长 176%，我国红色旅游产业总体发展势头良好，红色旅游热潮不断升温。但是，报告指出，京津冀红色旅游区、湘赣闽红色旅游区和沪浙红色旅游区是三大搜索热度增长最快地区，北京、南京、上海、长沙、重庆、西安、保定、青岛、延安、嘉兴是十大人气最高的传统红色旅游目的地，河南地区均未上榜。

若深入分析这些入选的城市或地区，则会发现它们的共同之处——推广力度大、知名度高。南京、长沙、重庆等，本就是时常登录抖音、微博、快手等移动媒体平台的"网红城市"，在国内享有较高的知名度。另外，《八佰》《觉醒年代》等"出圈"的红色影视作品，也都和这些地区或城市有着或多或少的联系，在一定程度上提高了其红色文化的吸引力和影响力，为其超高人气添了一把新火。

因此，中原红色文化传播不应固守省内，而是要加大在全国范围内的推广力度，进一步开拓传播空间，让中原红色文化真正服务于全国人民群众，成为激励其艰苦奋斗、坚守信念的不竭精神源泉。

第三节　中原红色文化短视频传播概述

一　中原红色文化短视频传播的可行性

当前，移动网络正在深刻改变着我国的传播格局和传播业态。深耕网络与新媒体领域的彭兰教授也曾指出："短视频将是移动时代的一种常态表达方式。"② 对照之前围绕河南省红色文化传播问题所做的研究，笔者发现，短视频这种传播形式拥有良好交互机制，创作内容更加灵活，所面向的受众也更具规模，或许能成为解题的一个关键突破口。具体而言，其可行性梳理如下。

---

① 李志刚：《超四成被调查者今年参与红色旅游 3 次以上》，《中国旅游报》2021 年 12 月 17 日，第 2 版。
② 彭兰：《短视频：视频生产力的"转基因"与再培育》，《新闻界》2019 年第 1 期。

（一）交互机制良好，凝聚红色传播认同

彭兰教授把"新媒体"阐释为："基于数字技术、网络技术及其他现代信息技术或通信技术的，具有互动性、融合性的媒介形态和平台。"① 短视频作为新媒体的一种重要传播形式，具有良好完备的交互机制。例如，现今国内诸如抖音、快手等比较知名的短视频平台，开设"评论"功能。而且，该功能已成为传播者评估视频传播效果的重要依据。

同时，依托移动互联网技术的"短视频传播"，令信息传播者和接收者之间不再泾渭分明，通过一键转发分享，受众可以轻易跻身传播者行列。由于短视频的创作门槛较低，有原创激情和能力的用户，也能便利、迅速地在各种短视频平台上进行内容创作和发布。

以抖音为例，目前，该平台上还未出现专门以中原红色文化为题材进行内容创作和发布的个人账号。有部分抖音用户围绕河南省红色旅游景点，或发布外来旅拍，或发布家乡介绍，有意或无意地进行中原红色文化传播。例如，网名为"文平 新县户外"的抖音用户，她居住于河南省新县，以"游新县，找文平，让您不虚此行"这样的标语来介绍自己，经常以周边经典红色景点为创作背景发布短视频。鄂豫皖苏区首府烈士陵园、鄂豫皖苏区税务总局旧址、大别山红色纪念园都曾出现在她的视频作品中，这些视频虽然播放量不高，但点赞数和评论数相对较高，许多新县用户留言鼓励她创作同类视频，充分证明了当地人民对这一传播模式的强烈认可与殷切期盼。

（二）创作内容灵活，激发红色文化传播活力

短视频没有固定的模板标准和严格的内容要求，摆脱了红色文化在以其他形式进行传播时所面对的条条框框的束缚，创作更加灵活自由，可有效激发中原红色文化传播活力，令传播效果得到很大程度的改善。

仍以上文中提到的抖音用户"文平 新县户外"为例，在她的作品列表中，除了讲解红色旅游景点类型的短视频外，还包括介绍新县县名由来、红色歌曲《八月桂花遍地开》创作背景的科普类短视频；展现香山湖风景区、九龙潭景区风光的风景类短视频；展示自己舞蹈、歌唱功底的才

---

① 彭兰：《"新媒体"概念界定的三条线索》，《新闻与传播研究》2016 年第 3 期。

艺类短视频，记录自己参与核酸检测志愿服务、景区讲解导游志愿服务、留守老人文艺表演志愿服务等活动类短视频；吐槽父母催婚、工作辛苦的杂谈类短视频。这些短视频富有生活气息，真实但不平淡，或直接宣传当地文化，或间接塑造立体的传播者形象，都有利于红色文化的传播。

河南部分红色文化相关场馆，也注重创作多种形式的短视频作品，促进红色文化的传播。以新县传承红色教育培训中心的官方抖音账号为例，该账号的视频作品以大别山区自然风景、基地内建筑设施、所开展的红色教育课堂实况等为题材进行创作。与个人用户"文平　新县户外"不同的是，其发布的短视频作品运镜平稳，剪辑衔接流畅，插入的字体、蒙版更具美感，显然是由专业人员精心制作完成的。截至 2022 年 6 月，该账户发布了近 500 个短视频作品，累计获赞 2.4 万个，拥有近 1600 个粉丝。作品数量、粉丝数量、作品认同度，都远超省内同类账号，彰显专业人才利用短视频传播红色文化的巨大潜力。

（三）面向广泛受众，增强红色传播基础

中原红色文化缺乏全国影响力，省内红色文化资源虽然总量丰富，但因地理位置分散，不便于统筹规划和集中传播，自然难以打造核心红色文化品牌、提升国内知名度、提高对其他地区红色旅游偏好游客的吸引力。

依托互联网，尤其是移动互联网传播的短视频，能突破地域、时间的限制，使来自四面八方的人们置身于同一赛博空间，这就为中原红色文化传播提供了更为广泛的受众。

此外，随着我国社会现代化进程不断推进，社会阶层细分，人们的价值取向更加多样化。互联网技术令观念日益差异化的受众置身于同一"放映厅"，人们围绕同一事件展开讨论，在多元观点碰撞拉扯下，不同意见很难取得一致，甚至面临着被"撕裂"的风险。在这种情况下，被不同阶层群众所广泛认可的主流价值观就成为很好的"黏合剂"，对舆论空间进行修补和重建。中原红色文化是在党的领导下脱胎于人民群众历史亲身实践的先进文化，自然能被大多数人所认同和赞赏。以信阳文旅抖音号发布的一个关于信阳红色旅游资源概览的短视频作品为例，评论区大多是赞叹、表扬的观点，态度高度一致，该视频目前点赞量已达 1.1 万个，印证了全国人民群众对红色文化的广泛认同。

二 中原红色文化短视频传播面临的挑战

（一）泛娱乐化倾向侵蚀红色文化内涵实质

美国学者尼尔·波兹曼在其著作《娱乐至死》中提出，随着电视媒介在传播活动中的地位日益提升，公众话语也以日渐娱乐的方式出现，政治、宗教、新闻和商业都全心全意娱乐受众，人类社会进入了泛娱乐化时代。①

在现今短视频传播风头正劲的媒介环境中，波兹曼的担忧比以往更具现实意义。短视频传播的信息一闪而过，根本未给受众留下深入思考和辨别真伪的余暇。受众长期处在这样的媒介环境中，其理性和耐心渐渐被消磨，信息选择偏好和媒介使用习惯也逐渐被驯化。信息的情绪"包装外衣"成为受众眼中的"珍馐"，而真正有信息享用价值的"意义内核"被忽略，这正是"娱乐至死"的短视频时代版本。

红色文化包含丰富的历史意蕴，是由人民群众血与汗的改造实践所缔造的，映射着我国党和人民的亲密情感，代表着中国社会的前进发展方向。以上种种，决定了红色文化本质上必定是一种严肃文化。短视频作品泛娱乐化的创作和享用取向，难以准确传达红色文化的内涵实质，甚至会对其产生侵蚀，红色文化传播可能反受其害。例如，董存瑞、雷锋等红色文化的典范人物，就在短视频平台上遭受过不同程度的恶搞，甚至被丑化、矮化。

（二）去中心化，影响受众对红色文化的解读

"短视频传播"依托互联网技术，既能提供海量的信息资源，又拓宽了时空界限，无形中就降低了信息传播的门槛，把"话筒"递到了更多人手中。当更多传播者涌进传播场域，受众的注意力和忠诚度就不可避免地受到影响，传播势力由集中走向分散，传播格局呈现"去中心化"态势。

具体而言，报纸、广播和电视等大众传媒是传统媒体时代的受众获取信息的主要来源，由其传递的红色文化一度具有很强权威性。但当下，凭借社交平台、自媒体平台、门户网站等，传播场域中有更多人的声音能够

---

① 韩升、赵雪：《当代青年价值观建设中的"泛娱乐化"问题反思》，《新疆社会科学》2020 年第 2 期。

被听到，此时，短视频传播活动便难以享有同样的权威性和影响力，传播者地位遭到削弱。

（三）时长较短难以深入阐释红色文化

短视频的创作内容相对自由灵活，但视频时长受到严格限制。目前，国内诸如抖音、快手、美拍等视频平台，虽然对用户所上传视频的时长要求不一，但都给出了明确的时长上限，时长标准有 15 秒、57 秒、60 秒不等。

然而，中原红色文化总量深厚、分支盘根错节，很难在几分钟甚至十几秒内被全面展示或深入阐释。这就导致中原红色文化在以短视频形式进行传播时，呈现鲜明的碎片化特征。具体而言，主要包括三个方面。第一，信息输出的碎片化，尤其是在解说类红色短视频中，创作者在有限时间内所输出的事实、观点等信息，多是杂乱零碎的。第二，视觉符号的碎片化，例如快速切换的镜头、不完整的背景音乐等。第三，扩散渠道的碎片化，短视频经过转发，经由社交网络等流向各类线上平台。

这种碎片化的传播特征，实际上是对红色文化的切割，不利于准确、全面地传播中原红色文化，更难以整合不同类型的红色文化，进而难以打造有辨识度的立体形象和提升中原红色文化的品牌竞争力。

三　中原红色文化短视频传播策略

（一）加强开发保护，打造精品内容

澎湃新闻网总编刘永钢曾在 2016 年举行的党报网站高峰论坛发言中指出，澎湃新闻网一直都把最主要的人力、财力和精力都放在内容生产上，80% 的团队成员都是跟采编相关的人员，每年也有 80% 的成本出自与内容采编相关的领域。"内容为王"始终是打造优秀传播作品的刚需。[①] 他的发言也佐证了优质内容在新媒体传播环境中仍占有重要地位。

红色文化作为社会主义先进文化，是短视频作品的一块"压舱石"，可以确保短视频作品始终处于社会伦理道德和主流价值的红线之内。因此，在凭借短视频这种新媒体表达形式进行传播时，依然不能忽视对内容

[①] 《刘永钢：好的内容、真正的新闻永远是刚需》，人民网，2016 年 12 月 15 日，http://media.people.cn/n1/2016/1215/c120837-28952373.html。

主体——中原红色文化的开发和保护。具体而言，可分为以下几点。

首先，发挥政府的统筹引领作用。明确各级政府、各个部门在红色文化保护工作中应承担的职责和工作范围，分工合理、密切配合，高效有序开展工作；及时出台红色文化的专项保护规划和总体实施方案，统一目标、协调各方，逐步开展红色文化保护工作；设立专项财政资金，动员社会力量吸纳资金，为红色文化保护提供物质保障；完善红色文化资源的认定和研究制度，推行名录管理制度，巩固红色文化开发成果等。

其次，发挥企业的辅助支援作用。企业在红色文化传播过程中，主要参与施工维护和红色旅游两部分活动。一方面，建筑工程类企业应注意严格依照设计原件，服从国家文物保护规定，提前对员工开展施工地区的红色文化科普。对于修缮类工程，确保修旧如旧，最大程度保留建筑物背后所蕴含的红色文化内涵。另一方面，文化旅游类企业应提升对红色文化旅游资源的认识和了解程度，提升营销水平和服务水平，还要通过企业间沟通合作，聚合各地的红色文化资源，打造有影响力的河南省红色旅游品牌。

最后，发挥教育机构的科研作用。这里的教育机构，不仅包括以"三学院三基地"为首的特色类教育机构，也包括高等院校、研究院所等综合类教育机构。这些教育机构应充分挖掘中原红色文化的教育和科研价值，不仅要培养一批对中原红色文化了解透彻、认识深入的专业人才，还应积极参与政府主办的各类研讨会、红色读物编写活动等，全方位推进中原红色文化的保护与传承。

（二）扩充投放平台，打造全媒体矩阵

在新媒体传播环境中，媒介技术日新月异，媒体类型也越发丰富多彩。依托互联网技术，各个媒体平台间也构建了发达的流通网络，这为实施全媒体策略、打造大规模媒体矩阵、提高传播效率、追求更好的传播效果提供了技术支撑和实现可能。而且，短视频体量轻小，能轻松和各类线上平台实现良好兼容，便于"短视频+红色文化"传播模式的应用和推广。总之，面对丰富的媒体平台资源，中原红色文化在以短视频形式传播时，不能困守于单一媒体平台进行传播，而应当糅合各家之长，实施全媒体立体化传播策略。

以中央电视台推出的《博物馆说》节目为例，《博物馆说》选取了全国各地的 143 个顶级博物馆、美术馆，摒弃了以往传统文博纪录片拍摄方式，即由节目组工作人员统一进行拍摄，而是把内容编排和拍摄的工作下放给各场馆，任其自主进行短视频录制。并且，短视频形式拉近了博物馆、美术馆和受众的距离，令博物馆、美术馆的藏品不再是遥不可及的阳春白雪，而是恰似一位位历经沧桑的亲切老友。

同时，该节目由"学习强国"学习平台、中央广播电视总台社教节目中心、人民出版社等多方媒体协作承办，因此，在宣发过程中也十分注重通过多种渠道以多种形式提升传播效果。例如，早在 2021 年 2 月 8 日，"学习强国"学习平台的推荐频道和中华文博频道专门开辟了《博物馆说》专题，为节目预热。2021 年 3 月 1 日，首批 65 集系列短视频在中央广播电视总台陆续上线，播出时间周期为 13 天，每日播出 5 集。当日，这些短视频于人民网、央视网、光明网等新闻门户网站，以及芒果 TV、爱奇艺、快手等视频平台同步上线。节目播出后，文化和旅游部的官方微博——文旅之声开通了"博物馆说"微博话题，将其他参与节目录制的博物馆的账号所发布的短视频归并在一起，并积极与微博网友留言互动。此外，2021 年 3 月底，人民出版社据此为题材，出版了《博物馆说》一书。通过这一系列举措，该节目的系列短视频以电视、图书、网络三种形式被广泛传播，一举进入 2021 年度中华文物全媒体传播精品（新媒体）推介项目和入围项目名单，展现出运用媒体宣传矩阵所取得的几何级强大传播效应。

（三）突出重点关联，警惕信息超载

经由短视频传播的红色文化具有不完整性和弱联系性，不利于受众对红色文化深入学习和细致领会。同时，受众因长时间消化大量的、琐碎的碎片化信息，其耐心和理性被慢慢消磨，导致了"信息超载"。"信息超载"是指在一个具体的信息传播活动中，当一个人或一个系统接收到太多需要进行意义确定处理的信息数据时，发生的信息饱和甚至过载的现象。无意义的信息表现容易造成传播过程中的噪声，从而影响受众对单个信息样本的处理。受众的信息处理能力是有限度的，大量的、杂乱无章的信息经由短视频平台进行传播，当这些信息的总数超过某个临界点时，就会使受众变得混乱，从而影响信息整体的传播效果，这是互联网为传播环境带来的弊病之一。

2019 年 3 月，抖音曾针对知识类创作者开放 5 分钟的视频创作时长权限。同年 8 月 24 日，抖音又宣布逐步开放 15 分钟的视频创作时长权限。同时，快手在小范围内展开内测，将视频创作时长上限由 57 秒提高到 10 分钟。① 据官方解释，短视频平台所做出的这种时长调整，是为了鼓励更优质的内容创作，促进平台进一步发展。这实际上也从侧面揭示了过于碎片化的短视频传播已经损害了平台的创作生态，不利于内容生产与传播。

为了应对这种情况，在利用短视频传播红色文化时，就要注意突出视频的重点，以及各个不同红色视频之间的关联。以抖音平台为例，一方面，要善用"话题标签"功能。给作品打上数量适当、定义合理的话题标签，不仅能令视频重点更加清晰、一目了然，更能提升短视频的曝光率，也更易狙中感兴趣的相关用户群体，提升传播效率。另一方面，要善用"创作合集"功能。该功能对视频创作的要求较高，目前主要是博物馆、纪念馆、广播电台等用户使用此功能传播红色文化。例如，河南博物院抖音账号所创建的"红色记忆"合集、河南广播电视台抖音账号所创建的"党史上的河南"合集等，这些短视频都配有统一的视觉符号模板，围绕同一主题进行创作，井然有序，便于传播。

（四）关注人才培育，优化传播队伍

人是生产力中最活跃的因素，是产业发展的核心。在短视频时代，传播主体的业务能力参差不齐，所面临的传播环境更是瞬息万变，只有大力培育传播人才、优化传播队伍，才能提升红色文化的传播效率和讲好中原红色故事。

2019 年 1 月 24 日，由腾讯组织成立的短视频创作联盟在北京召开了首次大会，时任腾讯短视频部副总经理陈鹏发言，指出短视频创作者身兼导演、编剧、场务、摄像师、摄影师等多个角色，具有鲜明的复合型特征。② 因此，在培养红色文化的短视频传播人才时，就要对他们进行包括

---

① 《抖音开放"15 分钟"视频时长　长视频迎来春天》，人民网，2019 年 8 月 26 日，ht-tp：//media. people. com. cn/n1/2019/0826/c40606-31315828. html。

② 《腾讯短视频联盟大会：培养复合型创作人才》，荔枝网，2019 年 1 月 24 日，http：//news. jstv. com/a20190124/1548325121482. shtml。

中原红色文化、中国红色文化、文学、戏剧、历史学、政治经济学、影视学、摄影学等多种类目的通识教育，从而培养复合型传播人才。

可以通过团队成员的相互协作、取长补短促进文化传播。以 B 站热度很高的"端午节水下舞"短视频为例，该舞蹈意在弘扬湖北楚文化，出自湖北广电制作的电视节目《高山流水觅知音》。节目组在 B 站平台开设的账号知名度不高，粉丝基础偏薄弱，但在和共青团中央、中国共产主义青年团湖北省委员会 B 站官方账号合作发布视频后，辐射了三方的粉丝受众，天然享有坚实的受众基础。并且，拥有众多粉丝的"大 UP 主"的权威性、影响力和节目创作者的专业性、创造力相结合，实现了兼顾流量和质量的文化传播。

（五）结合前沿科技，打磨优秀作品

喻国明教授在于 2019 年 10 月 28 日召开的"2019 C+智媒体大会"上提出，"能否把传播生产力和传播技术释放的能量为己所用，将成为判断一个传播模式、一个传播媒介是否是主流媒介、是否有未来的重要判别标准"。[1] 在短视频时代，诸如 5G、虚拟现实技术、增强现实技术、大数据、云计算、人工智能等新技术，已经深刻影响和改变了传播生态和传播环境。我们不能视而不见，而是要主动拥抱新技术，促进中原红色文化的传播。

在上文所提到的系列文博类短视频作品《博物馆说》中，由河南博物馆负责录制的《莲鹤方壶》，就运用了三维扫描技术，在尽量降低损伤文物风险的前提下，不用直接接触文物，就能将方壶的纹饰图案、工艺水平和构造细节等全方位展示出来，极大还原了历史，提升了受众的欣赏和观看体验。

2020 年，在国家文物局的促成下，中国国家博物馆、山西博物院、敦煌研究院、南京博物院、湖南博物馆等九家博物馆联合在抖音推出了"在家云游博物馆"活动，以直播、360°全景逛展等形式，带领受众参观游览。得益于 5G 直播技术，用户和讲解员互动流畅、毫无延迟，直播画面

---

① 《喻国明：封面传媒是主流媒体面临挑战转危为安的样本》，封面新闻网站，2019 年 10 月 28 日，https://www.thecover.cn/news/2902232。

十分清晰。同时，利用 VR 技术，讲解员不进展馆，仅凭呈现 VR 画面的平板电脑，加上生动精彩的讲解，就能够带给人很强的临场感和沉浸感。活动在推出后，受到用户的广泛关注，目前，该活动的系列短视频播放量已突破 4 亿人次，成为短视频文化传播的典范。

本章小结

红色文化是中华民族的优良传统和宝贵的精神财富，传承和弘扬红色文化，有利于提升中华民族文化自信、文化自觉和文化认同，增强历史使命感和民族凝聚力，助推中华民族伟大复兴。河南省地处中原腹地，红色文化资源丰富，本身具有辐射全国的地缘优势和底蕴实力。短视频能够整合红色资源，进行红色文化的数字化保存与传播。一方面，这使红色资源保存的存续性和完整性得到很大改善，有利于中原红色文化的保护和利用。另一方面，全新的传播方式提升了红色文化传播的趣味性和交互性，从而使公众，尤其是更加需要红色教育的年轻群体加强对中原红色文化的了解和关注，提高其知名度和影响力。

当前，短视频行业势头正劲，但同时存在一些内容空洞、价值取向庸俗的不良短视频作品，危害受众，尤其是危害人生观、世界观和价值观都还未成熟的青少年的身心健康。而且，网络的匿名性机制和网民的非理性表达，令短视频传播承担更重要的导向性责任。然而，红色文化以其特有的感召力和积极性，可以很好地平息短视频舆论空间的冲突，并为受众注入关于人生理想和信念的"红色强心剂"，最大限度地激发短视频的正向社会价值，促进短视频行业有序和长久发展。

2022 年 2 月，第 49 次《中国互联网络发展状况统计报告》发布，该报告指出，截至 2021 年 12 月，我国短视频用户规模已达 9.34 亿人，较 2020 年同期增长 6080 万人，占总体网民的 90.5%。① 短视频在传播格局中

---

① 第 49 次《中国互联网络发展状况统计报告》，中国互联网络信息中心官网，2022 年 4 月 1 日，https://www.cnnic.cn/n4/2022/0401/c88-1131.html。

的地位愈发突出。同时，该报告指出，短视频与文旅行业加速融合，助推了文化资源和旅游景点的宣传和开发。并且，以短视频为载体，也可以突破中原红色资源分布的空间局限，为当地红色文化的传承与弘扬提供一条新思路。

第六章　短视频与中原宗教文化旅游景点传播

——以龙门石窟为例

　　目前我国传统宗教文化遗址已然成为当代宗教文化旅游景点，宗教文化旅游景点在整体旅游景点中占据半壁江山①，宗教文化遗迹是重要的旅游资源。中华优秀传统文化的一个重要特点就是儒、释、道"三教合流"，其中"释"（佛）、"道"都属于宗教文化，其繁荣发展都与河南息息相关。

　　洛阳的龙门石窟是佛教三大艺术宝库之一，已被列入世界文化遗产名录，河南宗教文化旅游资源丰富，在众多的旅游景点中，以石窟、佛寺等建筑为代表的佛教文化旅游景点数目最多，而有着雍容华贵佛像建筑的龙门石窟是中国佛教艺术乃至东方文明的典型象征，也成为佛教文化旅游景点中极具代表性的场所之一。龙门石窟位于河南洛阳，始凿于北魏时期，盛于唐，终于清末，开凿持续时长为 1400 余年，是世界上造像最多、规模最大的石刻艺术宝库，位居中国各大石窟之首，堪称世界石窟艺术之典范②。尽管其最初开凿目的与"舶来品"佛教息息相关，且古希腊石柱、欧洲花纹等艺术体现于龙门石窟之上，但龙门石窟体现着艺术的中国化趋势，其中蕴含中华文化的底蕴，龙门石窟可谓是国际化与中国化的完美融

---

　　① 保继刚、陈云梅：《宗教旅游开发研究——以广东南华寺为例》，《热带地理》1996 年第 1 期。

　　② 《丝绸之路上的龙门石窟石刻遗存》，百度百科，2020 年 6 月 15 日，https://baike. baidu.com/reference/274/36a5Mxx12U9QUUp-gYRSME24OpNeT3uCvwo5XpPIv46e4Yv6D_cb-BIHnav1kWYZ15_JEcrlgsMdHF2jar0NfEe3vpmuMdJzhKTNS-ISmD4M。

合，具有极大的研究价值。

随着新媒体时代的到来和"碎片化"信息获取方式逐步成为主流，通过节奏快、视听性强、传播效果好的短视频进行营销传播已经是品牌的宣传方式之一，龙门石窟景点也不例外。目前短视频平台以抖音、快手、哔哩哔哩、西瓜视频为主，这四家平台占据超过 80% 的市场份额[①]，而抖音以 45.2% 的市场份额遥遥领先于市场份额不达 20% 的快手平台。龙门石窟景点在这四家平台均设有官方媒体账号，其在抖音平台开设了"龙门石窟""龙门石窟研究院"两个账号，其他平台均只有一个官方账号，抖音平台官方账号的总点赞量居高不下，且发布视频总量最高，因而本书选择研究的短视频平台为抖音平台。

本研究主要采用质化的主题分析法（thematic analysis）对抖音平台的龙门石窟相关视频进行研究。主题分析法将着重从研究样本中发现分析模式或主题[②]，并在对研究样本进行归类整理的同时，注重发现其浅显的与更深层的文本意义[③]。研究者首先收集龙门石窟景点在抖音的官方账号"龙门石窟""龙门石窟研究院"所发布的视频，共获得视频 613 条，研究者将此 613 条视频作为官方短视频传播的分析样本；之后，研究者以"龙门石窟"作为检索内容，筛选排除上述两个官方账号发布的内容与其他如《商丘晚报》等官方媒体发布的短视频内容，以此作为民间有关龙门石窟短视频传播素材文本，共收集到 167 个短视频。

本研究将非景点的官方媒体账号排除在研究对象之外的原因在于，这些账号来源广泛、内容主题零散，且大部分账号的获赞量较少，不具有代表性。同时，研究者在研究中并未刻意筛选点赞量高的短视频作为研究样本，因为抖音平台中有关龙门石窟的短视频整体呈现官方主导、民间式微的传播样态。根据"最热"排列短视频，可以发现其中大部分视频是由

---

① 艾媒咨询：《2020—2021 年中国短视频头部市场竞争状况专题研究报告》，搜狐网，2021 年 1 月 26 日，https://www.sohu.com/a/446819780_533924。

② Braun, V., & Clarke, V., "Using thematic analysis in psychology," *Qualitative Research in Psychology* 3（2），pp. 77-101.

③ 柳旭东、钱能：《分裂的刻板印象：在线动漫中的女性形象建构研究》，《国际新闻界》2021 年第 6 期。

"龙门山下""龙门石窟""龙门石窟研究院"三个账号发布的，其中"龙门山下"为体系较为成熟的组织自媒体账号，个体自媒体在其中声音薄弱，难以达到本研究目的。

第一节　龙门石窟景点短视频传播特点

一　官方视频传播：以历史化为出发点，总体呈现隐喻的叙事方式

佛教自古印度传入中原后，直至魏晋时期依然仅在统治阶级中盛行。北魏孝文帝统一北方后，时局不稳，根基飘摇，孝文帝深信佛教可以促进鲜卑族与汉民族融合，可以安抚民众、维护统治，而读书识字的技能只有当时的小部分民众具备，因而北魏统治者希望以石窟造像的方式将佛像以及经文的内容直观地表现出来，起到佛法的教化功能。后至唐朝，尽管经历了唐武宗的灭佛运动，但唐朝历代统治阶层总体上信奉佛教，龙门石窟的开凿在此时达到鼎盛。由此可知，佛教文化的继承传播是龙门石窟开凿建设的重要原因之一。

龙门石窟景点的官方短视频传播主题多样，短视频或从历史文化的视角出发介绍石窟样貌的由来及背后故事，或以歌舞等艺术形式为受众带来视听盛宴，或配以音乐欣赏龙门石窟景点景色，或紧跟"520""高考"等社会热点，或科普龙门石窟内某景点的命名由来以及当前科技发展为文物修复带来的新生机。龙门石窟景点的官方短视频所传播的内容几乎未提及龙门石窟因佛教开凿起源之历史，然而尽管未以明确叙事言明宗教文化，但有着相似文化教育和共同文化基因的受众可以感受到短视频叙事中详略得当且无传教之嫌的佛教文化。

（一）以历史文化为出发点

在龙门石窟景点的官方短视频传播中，历史文化的传承是其出发点，但其传播叙事往往避开龙门石窟的宗教文化的起源背景，或以大历史观描述宏观时代背景，或以微观历史聚焦龙门石窟内具体建筑之修建来完成其叙事传播，但客观叙事和历史唯物主义之要求使得历史文化的继承传播往往隐含历朝历代所散发的宗教气息。以龙门石窟景点官方账号的某一短视

频文案为例，"莲花洞是北魏时期继古阳洞之后又一座琳琅满目的艺术殿堂，洞内南北两壁大小佛龛星罗棋布，密密麻麻，不仅雕刻精美，而且题材多样，比如这精美的龛眉、生动的佛传故事等。莲花洞建造于北魏孝明帝时期，距今约有 1500 年的历史。关于它的命名，是因为在洞窟顶部有一朵硕大且精美的高浮雕莲花藻井，这个莲花藻井直径达到了 3.6 米，厚度 0.35 米，共分三层，由内向外蓬勃怒放，极富有美感和立体感，是不可多得的艺术作品"。莲花图案在中国有悠久的历史，佛教尚未传入中国之时，莲花取"出淤泥而不染"之意，有识阶层歌颂其高雅清洁之品质。随着佛教传入中国且盛行于民众及统治阶层间，莲花被赋予了不同的含义。早期佛教无佛陀形象，而通过盛开的莲花指称佛陀，在成为佛祖的悉达多太子出生后，因传说其出生便可下地步行七步，步步生莲①，才有了端坐在莲花之上的佛陀，莲花也具有佛祖清净的法身之隐喻。建立于北魏时期的莲花藻井不仅仅是古代中国原生的莲花形象，它借鉴了古印度佛教莲花图案的特点，既有中国文化之特点，同时含有佛教传说之象征。这则文案并未提及佛教，但以莲花之隐喻的方式使了解佛教的受众可以感知其中的宗教文化之韵味。莲花即这则隐喻中的始源域，隐喻的目标域则是佛教及其更微观的佛陀传说。

以莲花隐喻佛教显然是只有深谙佛教文化之受众才可意会，除去较为晦涩的隐喻，龙门石窟景点的官方短视频传播使用相对清晰且烙印在中国人文化记忆中的隐喻。"在龙门石窟的破窑中，有这样一个满怀爱子之心的母亲。破窑没有主像，布满百余个小龛，而其中地位最显赫的功德主就是今天的主角唐高祖李渊的妃子刘氏。唐高祖李渊过世后，儿子李元庆成为刘氏全部的精神支柱。贞观十一年，恰逢玄武门之变，刘氏心中忧悴，恐有灾障，担心儿子会不慎遭遇灾祸，所以拿出积蓄在破窑内为自己的孩子开龛造像，主尊弥勒跌坐于长方形坛基上，手施与愿印以满足人们的愿望。刘氏无比虔诚地祈求着佛祖慈恩，希望自己的孩子能够得到庇佑。千百年来，这份爱子之心从未有过丝毫的改变，依水河畔石壁之上，记述着她们的动人心声"，这一文案以历史故事出发，讲述了龙门石窟中破窑的

---

① 季羡林：《季羡林论中印文化交流》，新世界出版社，2006。

由来，其并未对为何寻求弥勒佛祖庇护进行详细讲解，而是渲染爱子之情，这段文案被龙门石窟景点的官方短视频所使用。这段文案隐喻着唐朝当时统治阶层对佛教的信仰。相较于上文提及的莲花之隐喻，这段文案的隐喻可以被更多受众所理解，即便是当代不信教之人，或许也会购买佛像作为吊坠进行佩戴或悬挂于出行车上等以讨个好彩头，作为思维工具的语言文字可以唤醒大众对此隐喻的理解，从而不需要用更多语言来解释或赘述即可理解文案含义。

以历史文化的述评为主题的短视频呈现的视觉图像往往较为纷杂，有时并无窟内的景象，而以更充满意境的溪流等镜头来配合充满底蕴与意境的历史文化故事。这类短视频的文案中以意象隐喻宏观的佛教文化或更为微观的细节。语言是建构思维认知的主要方式，语言可以建构一个认知形象，因而通过文案的形式完成隐喻可以实现受众与文化间的联结[1]。

（二）以艺术形式为创意点

艺术是文化的重要组成部分，同时文化可通过艺术的表征作用来触动更多的受众。2021 年起，河南卫视的一系列文化节目在收获高收视率的同时，赢得了良好的口碑。河南卫视采用将艺术形式融入传统文化的叙事表达生成了创意性的视听盛宴，通过艺术赋能的形式来让古老的历史、宗教等文化"活"起来是大众喜闻乐见的形式。依托河南卫视一系列文化节目"叫好"又"叫座"的前提，龙门石窟景点与河南卫视合作，推出了《龙门金刚》作为《七夕奇妙游》的开场舞蹈，这支舞蹈后被解构为拍摄场景、精彩片段等发布于龙门石窟景点的官方短视频中，在抖音平台的"龙门石窟""龙门石窟研究院"两个官方账号中，舞蹈《龙门金刚》的短视频点赞量最高。

舞蹈《龙门金刚》以龙门石窟为实景拍摄地，加以技术特效，融合了《飞天舞》与古风街舞《金刚伎乐》而成，具有很高的美学价值，可以带给受众沉浸感。究其成功之根源，莫不在于所凝聚的文化底蕴[2]，《龙门金

---

① 〔英〕路德维希·维特根斯坦：《逻辑哲学论》，贺绍甲译，商务印书馆，1996，第 21—23 页。
② 袁航：《河南卫视〈重阳奇妙游〉的文化"破圈"传播》，《科技传播》2022 年第 7 期。

刚》的舞蹈艺术是历史文化、宗教文化在融媒体中所展现的身体表征。"飞天""金刚"的舞蹈命名并非凭空而来，其中隐喻着龙门石窟的佛教文化。飞天可谓是佛教文化中的浪漫主义象征，飞天是乾闼婆与紧那罗的复合体，乾闼婆为全身可散发芬芳香味的天歌神，他的任务是在佛教净土世界里散播香气，为佛祖献上花朵、贡品和做礼赞；紧那罗为天乐神，他的任务是在佛国净土世界里为佛陀、菩萨、众神、天人等奏乐歌舞。能飞翔的乾闼婆与不能飞翔的紧那罗融为一体，形成兼具天歌神和天乐神职能的"飞天"，因而飞天并非其字面所表示的动作，而是佛教文化中飞翔于佛陀上空的神，是超越佛教仪轨的一个典型，是佛教艺术中的自由典范①。金刚一词也如飞天，隐喻着龙门石窟中的佛教文化。《佛说宝积三昧文殊师利菩萨问法身经》中详细描述了金刚之意，"佛问，何谓金刚。答言无能截断者，以故名曰金刚"，因而金刚具有两层含义，其一指佛陀所使用的世间最坚硬的金刚杵，其二指拥有守护佛法、征伐邪魔的神祇金刚神。在舞蹈《龙门金刚》中，每一位演员的出场配以龙门石窟中的金刚佛像，因而显然取的是金刚的第二层含义。《龙门金刚》这一段舞蹈从命名就在隐喻龙门石窟所蕴含的佛教文化，同时其舞蹈音乐、演员着装效仿唐朝时期的有关文化不免会唤起中华民族有关佛教文化的集体记忆，尤其是诉诸"金刚"形象的舞蹈艺术与《西游记》中的"护法金刚"的记忆相匹配，使广大的受众在不触碰佛教教义的同时，了解佛教文化的一个面向。

　　在漫长的时间维度中，中国人民依靠口耳相传以及媒介记载建立起了共同的文化秩序，比如佛教文化，即使是不了解其教义与不信仰佛教的民众也对其显性文化有着模糊的文化记忆与个体生活经验。而《龙门金刚》通过舞蹈艺术的形式，诉诸受众的视觉和听觉，促使受众沉浸其中，沉浸所带来的体验感会为受众带来更深层的对隐喻背后的文化的理解。同时，舞蹈艺术通过视听结合的方式对目标域佛教文化进行编码，使"金刚""飞天"成为其始源域，通过短视频接触到始源域的受众可以感受其隐喻的目标域。

---

① 《飞天是超越佛教仪轨的一个典型，是佛教艺术中的自由典范》，百度百家号，2021 年 8 月 21 日，https://baijiahao.baidu.com/s? id＝1708684762172762617&wfr＝spider&for＝pc。

（三）以科普为落脚点

在龙门石窟的官方短视频传播中，介绍龙门石窟为何呈现如此面貌以及为何以此命名的科普短视频的数量在官方视频总数量中占据不小的份额，且收获了"内容真好，让大家深入了解龙门石窟"的评价。作为拥有丰厚文化底蕴的5A级旅游景区，龙门石窟出售门票所产生的经济收益在龙门石窟景点的官方短视频传播目的中只占小份额，其短视频传播的更长远目标是将龙门石窟的背景故事和深厚文化传播给受众，并且从其短视频回复的话语分析中可以得出，科普短视频成为龙门石窟景点的官方短视频传播的落脚点。在科普短视频中，科普文案依然甚少以宗教文化为主题诉求，而是仍然通过隐喻的方式将宗教文化放置在其他主题分支背后。以景点官方抖音平台龙门石窟研究院科普短视频文案为例，"这是龙门石窟的破窑，壁面上有百余个精致小龛，造像精雕细刻，栩栩如生，如此精美的洞窟，为什么会叫破窑？破窑中最早的小龛造像题记为贞观十一年，这个洞窟原本是一个自然溶洞，由于洞内雕刻没有统一规划，平面没有修整，再加上没有雕刻窟门拱和藻井，看起来像穷苦人民栖居的破窑而得名，窟内最早的纪年像龛为唐高祖李渊的妃子，刘氏为儿子道王李元庆所造，往后数十年间里竟然引来了许多善男信女，也再次发愿造像，于是形成了现在这样一个颇有特色的洞窟，没有主像，但布满了密集的小龛，尽管规格不一、层次错落，但看起来却井然有序，造像的内容丰富多彩，人物形态各异，处处展现着不拘一格的艺术，正是这独特的艺术魅力，为后人研究唐代造像艺术提供了重要的实物资料，具有极高的价值，所以破窑根本不破，窟内还有不少秘密呢"，这则科普短视频的文案整体没有过度提及佛教文化，而是以为何命名为"破窑"为短视频的主题，但其"小龛""善男信女"等词语在文案中零散、不成体系地隐喻着佛教文化，它以穷苦人民居住的"破窑"作为始源域映射佛教艺术石刻"破窑"。

与科普短视频文案中零散的隐喻相对应的是视频视觉呈现上的系统化。与前文所述的以历史文化为主题的短视频不同，大部分科普短视频的视觉呈现以石窟内的佛像与小龛为主，甚少含有渲染情绪的空镜。以上文详述科普短视频文案的视频视觉呈现为例，从开篇第一个镜头至收尾最后一个镜头，全部场景皆在展现破窑的门拱形态与窟内景象，且以破窑的像龛和小像的镜头推拉摇移为主要元素符号，场景空间不仅具有物质性，更具有符号价值，透过镜头叙事向受众传达的是佛教艺术石刻"破窑"的形成及名字的含义。正因为视觉文化可以形塑一个完整的传播渠道①，科普短视频就形成了表达佛教破窑建筑文化的总体视觉修辞。值得一提的是，这里的视觉叙事修辞由隐喻转为直接描写，每一个视觉镜头皆有佛韵，诉诸视觉的真实场景的传播因更加具有直观性，具有减弱传播中噪声的功能，能唤起更为深刻的文化意义②。

综上所言，龙门石窟景点的官方账号的短视频传播主题多样，鲜少直接以宗教文化作为叙事传播主题，作为龙门石窟开凿缘由的文化起源并未真正缺席于短视频的呈现，其总体上以隐喻的方式映射于短视频深层叙事，少部分通过直观的视觉上的呈现完成对宗教文化的直接叙事。由于个体的经验差异和文化生活的不同，这种叙事方式并不是面向全体接收到短视频的传播受众，而只是面向文化共同体，而文化共同体之外的成员在面对某些隐喻方式时难以获得全然的理解。

（四）居于文化共同体内部的隐喻

共同体这一概念目前被应用在广泛的学科研究中，但学界尚未形成统一的定义③。最早提出共同体概念的是社会学家滕尼斯，他认为社会是共同体的群体，共同体可以划分为业缘共同体、血缘共同体、地缘共同体等多种形式④，那么文化共同体则是共同体的分支之一，它是社会层面上较为宏观的群体概念。文化共同体指接受过相似的文化教育，从而拥有相似文化传统、习俗并愿意彼此共享的群体，这个群体中的成员保留着个体独立性，拥有着相似的文化记忆或文化基因，基本理解某一文化理论，共享着共同的文化精神，并愿意分享共同的文化生活。随着网络社会的发展，物理距离所带来的身体缺席已经不再是个体融入远方的共同体的障碍，文化共同体不再受到地缘环境的限制，其边界大大扩展。不同的文化共同体

① 章伟民、曹揆申：《教育技术学》，人民教育出版社，2014，第141页。
② 陈瑜：《乡村旅游视觉文化符号传播研究》，《文化学刊》2022年第1期。
③ 王桐：《多元文化共同体：类型、新媒体使用及文化适应》，硕士学位论文，武汉大学，2019。
④ 〔德〕斐迪南·滕尼斯：《共同体与社会》，林荣远译，北京大学出版社，2010。

围绕不同的文化而生成，其中的成员具有理解此种文化的能力，而当这种文化面向共同体外的个体时，那些个体总是一知半解或全然不能理解此种文化的意蕴。

具有深层文化价值的隐喻就是面向某个文化共同体所展开的，蕴含在个体经验中的文化理解会左右个体对于隐喻的理解。本书中可以理解上述宗教文化之隐喻的文化共同体大致指信仰佛教的民众和接受过历史宗教文化教育（但不具有佛教信仰或其他宗教信仰）的民众，同时根据隐喻的晦涩程度，部分拥有生活常识的民众也可以理解上文中提到的部分隐喻。前文所提到的以莲花映射佛陀的传说就属于极为晦涩的隐喻，这种隐喻只面向能够理解宗教文化的文化共同体展开；而弥勒形象或虔诚地祈求着佛祖慈恩以得到庇护显然是浅显的隐喻，其目标域是浅显的佛教教义，这种隐喻则面向更多的受众展开。换言之，文化共同体是动态融合的，其成员构成是流动的，文化的浅层和深层聚集着成员构成不同的文化共同体，相对来说，面向浅层文化而形成的文化共同体往往包含面向深层文化而形成的文化共同体。值得一提的是，本书所指的能够理解佛教文化的文化共同体是宏观上拥有佛教文化理解能力的松散的群体，而非仅仅信仰佛教的紧密的群体，这样相对松散的、具有不同信仰（佛教信仰等）的共同体内部成员可能会进行文化适应，这个适应的过程不是单向的，而是以双向流动的方式进行的，在这个过程中，个体保持其原有文化、信仰与身份的倾向性，其与共同体内持有其他信仰的个体的互动的倾向是相互独立的[1]，因而在信仰方面，共同体成员对彼此持有的其他文化形态是相互尊重且相互独立的，就比如某些钻研宗教学的学者深谙某种宗教文化，并可以根据其对共同体内部设限话语的理解进入共同体，但这位学者可以坚持自己原有的思想文化倾向以及唯物主义信仰。

隐喻最早属于语言修辞学的范畴，随着图像转向时代的到来，隐喻逐渐突破语言修辞学的传统功能领域，成为具有整体相合性的多模态隐喻系统[2]。在龙门石窟景点的官方短视频传播中，其隐喻以语言文字、视听结

---

① 单波：《跨文化传播的问题与可能性》，武汉大学出版社，2010，第56页。
② 张梦真：《隐喻中的中国形象》，硕士学位论文，浙江工商大学，2021。

合的艺术形式等进行表露，如"金刚""飞天""莲花"这样的隐喻形成了文化符号，其目的并非在于引导受众钻研其背后的宗教文化之教义，而是唤醒对《西游记》有所了解且接受过一定历史文化教育的共同体的文化记忆，从而使其感受龙门石窟蕴含的历史风韵及文化底蕴。龙门石窟景点的官方短视频中的隐喻面向流动的文化共同体展开，短视频评论区的官方筛选与监管等，可以有效地控制隐喻被利用。

二　民间传播：异化的叙事方式

龙门石窟的民间短视频传播类型主要可以分为两类：一类是由相对形成体系的组织自媒体主导，其传播主题主要为介绍龙门石窟的景点特征和历史地位，为有旅行意愿的游客提供信息，这一类短视频已经成为文化工业的流水线产品，风格相似，缺乏灵韵；另一类则是相对松散的个人自媒体，他们有关龙门石窟的短视频与其说是呈现龙门石窟的风格特点与面貌形态，不如说更倾向于自我呈现，龙门石窟为自我呈现提供了场景建构方式。马尔库塞曾经从技术的角度出发，认为随着科学技术的长足发展，科学技术已经成为人类思维和生活方式的统治性工具，进而成为主导人异化的统治性力量，应当有着创新性的文化产品成为流水线制作的面貌相似的"复刻品"，人类社会却沉浸在技术带来的虚假快乐和虚假满足中，而不考虑科学技术所带来的内容异化以及人的异化，人类从而沦为物质的附庸品。

（一）组织自媒体：缺乏灵韵的作品异化

本雅明在《机械复制时代的艺术作品》一书中提出"灵韵"的概念，本雅明认为，传统的艺术品是不可复制的，这种独一无二性使作品本身具有了一种神秘的"灵光"，即"灵韵"。然而随着文化工业社会的到来，灵韵被伪个性化取代，产品变得越来越相似，呈现作品异化的局面。

目前抖音平台中组织自媒体有关龙门石窟的内容生产就呈现缺乏灵韵的面貌。"美拍中国"的短视频文案为"龙门石窟位于河南省洛阳市，位居中国各大石窟之首，是世界上造像最多、规模最大的石刻艺术宝库。现存洞窟像龛 2345 个，造像 11 万余尊，其石窟则始凿于北魏孝文帝年间，盛于唐，终于清末，历经 10 多个朝代，陆续营造长达 1400 余年，是世界上营造时间最长的石窟。这里两山对峙、伊水中流，佛光山色、风景秀丽，是宋代苏过所描绘'峥嵘两山门，共挹易水秀'的天阙奇观"，"山月记'航拍风景'"的短视频文案为"龙门石窟位于河南省洛阳市，是世界上造像最多、规模最大的石刻艺术宝库，被联合国教科文组织评为中国石刻艺术的最高峰，位居中国各大石窟之首。身为世界文化遗产，龙门由大禹治水中所开凿，鱼跃龙门的传说亦发生于此，其实则是凿于北魏孝文帝年间，盛于唐，终于清末，历经 10 多个朝代，陆续营造长达 1400 余年，是世界上营造时间最长的石窟"，这两者的短视频文案非常相似，同时他们的短视频镜头都以航拍场景为主要的构成元素，或许这两家组织自媒体并无抄袭或洗稿之问题，因为它们的文案与短视频镜头是目前抖音市场上旅游自媒体最常用的模板，即用某景点的航拍视频镜头配以介绍该景点历史地位的文案，这些文案在互联网中可以简单获得。这属于典型的文化工业体系下的产品生产，这些组织自媒体在流量 KPI 的推动下，建立了体系化的短视频制作风格，这种风格的短视频常常是为了消费而生产的，缺乏灵韵，极易被大批量复刻，呈现模式化、标准化、非创造性的特点。

短视频是在碎片化的消费习惯成为主流的背景下应运而生的，短视频的诞生又加剧了碎片化的消费习惯，这种快节奏的短视频风格难以为受众带来"凝神沉思"的体验，凝神沉思是观赏者摒弃一切杂念、以一种"澄怀"的心态来聚神于某物的状态，只有这种状态可以为传播受众带来一种抚慰感，使他们的心灵获得一种完满、一种和谐。由于制作门槛低，短视频作品缺乏独一无二性，成为极易复刻的消费品；短视频的传播受众随时可以转化为短视频传播主体，这使受众与短视频作品间缺乏空间距离感和心理距离感，灵韵的产生却需要这几个条件。

龙门石窟景点最早的开凿缘由是统治者希望以佛教作为教化人心的工具以维护统治，龙门石窟的景观特征也以佛像为主体，短视频多以浅层地介绍龙门石窟景点的地位和优美且有特色的环境为主题。组织自媒体制作短视频不仅为了"记录美好生活"，也为了获取经济效益，因而其短视频内容主题选取的深层逻辑是被资本化和商品化的物质效益规训过的，利润最大化的诉求使宗教文化被排斥在组织自媒体的内容范围外。个人自媒体有关龙门石窟的主题选择也不例外。

（二）个人自媒体：呈现异化与消费异化

随着新媒体的发展，去中心化的用户赋权促进个人进入短视频的传播场域，"用户书写"成为短视频内容建构的主要特征之一。短视频的技术赋权促进个人参与到有关龙门石窟的短视频传播中来，在个人自媒体建构有关龙门石窟的短视频传播内容时，宗教文化依然甚少被提及。由于个人自媒体比较零散，所建构的主题也相对零散，从渲染情绪的音乐主题到记录日常旅行、从炫技表演到对洛阳代言人王一博的追捧都是个人自媒体选用的主题范畴，但其短视频作品传播的共同之处在于内容主题与龙门石窟关联甚微，龙门石窟只是完成自我呈现的背景舞台，尽管其以龙门石窟的标签作为传播的噱头，但其主题换一个空间场景同样成立，同时，宗教文化在个人自媒体建构有关龙门石窟的短视频传播中处于缺席地位，"刻意"成为这类短视频的代名词。

根据短视频中是否有主体出镜，可以将个人自媒体有关龙门石窟的短视频传播内容分为两大类，一类以龙门石窟作为场景舞台，个人的自我呈现才是短视频传播的目的，他们假装将自身融入龙门石窟的背景环境，实则是通过拍摄角度、视频剪辑的方式将受众的注意力集中在自己的身上①，传播场域内整体呈现失序的状况。任何人都需要通过劳动的方式实现自我生存条件的满足，人的生产构成社会生存，社会生存背后是多种资本力量的操纵。随着越来越多的资本投入自媒体的场域，不少个体将生存条件的获取寄托在自媒体的反哺之下，他们将自己作为赢得资本的条件，随着他们自我呈现的异化，个人自媒体不是具有自我展现权利的能动主体，而是媒介资本逻辑下围着关注度和利益打转的丧失了创造性的生产机器，他们的多向度被利益的单向度所代替，逐渐成为异化的个体。另一类以情绪渲染为主要内容，这类自媒体的目的在于促进受众为短视频付出情感劳动，从而在受众的关注和点赞中收获效益，这种内容的短视频将龙门石窟作为唤醒受众情绪情感的机器，将短视频演变为一个情绪情感的制作车间，情感、情绪等事物都可以在这个车间被商品化、货币化与劳动化，成为物质利益的原材料。

---

① 邱犇：《刻意与炫耀：抖音平台异化的自我呈现》，《青年记者》2021 年第 16 期。

尽管个人自媒体对龙门石窟的呈现较为异化，但其短视频的热度居高不下，这种异化的短视频依然被受众所接受和喜爱。在文化工业和消费主义的浪潮推动下，短视频往往可以塑造文化消费的意识形态，唤醒受众的非正常文化消费需求，并提供文化产品给予满足，从而加强其异化的消费需求①。这种异化的消费主义会侵蚀人们的正常审美诉求。同时要指出的是，当某个短视频本身已经有一定热度时，个体即使发现这个短视频存在异化的倾向，但指出问题的概率很低，这时的短视频消费就不再是根据受众自身需求所选择的，而是成为建立身份认同的途径之一。受众是对已经具有热度的传播主体和传播内容没有招架之力的，受众就成为消费的工具，异化的文化产品常常会导致异化的消费需求。

第二节　龙门石窟短视频传播存在的问题

一　总体面貌：官方主导，组织自媒体和个人自媒体创作式微

在短视频平台的有关龙门石窟的短视频中，景点官方短视频的主题多样，切入角度新颖，宗教文化隐喻在历史文化、艺术形式及科普短视频中，做到了客观宣传宗教文化旅游景点之文化底蕴，官方短视频能做到持续产出，总热度在相关短视频中占据前列。民间短视频则主要由主打旅游的组织自媒体和个人自媒体构成，两者对龙门石窟短视频的创作均不成体系，龙门石窟景点只是其广泛的创作话题之一，其创作目的以自我呈现或引导受众情感劳动以获取物质效益为主。无论是从创作数量还是从创作质量的角度出发，目前抖音平台中有关龙门石窟的短视频传播呈现官方主导、民间创作式微的状况。

新媒体文化本质上是一个具有竞争性的江湖文化，表现出较强的开放、分权、共享、容错、多元等特点。随着新媒体文化的发展和"去中心化"特征的加强，景点官方也进入了新媒体的传播场域中，并且逐步适应

---

① 杨永赞、李全喜：《网络直播异化的表征、溯因及消解——以马克思异化劳动理论为视角》，《中学政治教学参考》2021 年第 44 期。

新媒体文化，表现出蓬勃的生机；正是由于新媒体文化不靠"先天赋予"的权力实现传播话语的"被看见"的特征，民间传播现状的形成是自身传播的利益导向所造成的。龙门石窟景点官方的创意传播使龙门石窟具有高度的"可见性"，并且吸引了大众的注意力，从而使龙门石窟景点的官方短视频传播被期待，这种期待使得景点官方的短视频可以更多地被看见，受众将民间自媒体的被看见权更多地转移至景点官方。在某种程度上，景点官方以优质的作品实现了注意力的集中和被看见权的高度赋予。

二　景点官方短视频传播的问题及建议

龙门石窟景点的官方短视频传播通过隐喻的方式将宗教文化放置在历史主题、艺术主题以及科普主题中，隐晦地表达龙门石窟本身所具有的宗教色彩和宗教起源，这种叙事方式避免了过分渲染宗教文化，通过表层的叙事唤醒大众深层的认知结构和文化记忆，始源域和目标域之间的关系促进受众以联想的方式回忆其脑海中原本有关龙门石窟的宗教文化，这种短视频传播方式并没有赋予受众更多的宗教文化知识，而是引导受众回归脑海中本就有的文化知识。龙门石窟景点的官方短视频传播的宗教文化的隐喻并非仅仅面向宗教信徒，而是面向广大的拥有共同文化基因或文化记忆的共同体，那些具有历史文化素养的受众也是短视频隐喻的传播目标群体。

通过共享语义空间，龙门石窟景点的以历史文化为主题的官方短视频传播做到了深挖历史文化之美，通过讲故事的方式提高传统文化传播的趣味性，做到从文化符号出发唤醒大众的历史文化知识；以艺术形式为主题的短视频传播将宗教文化的符号以音乐、舞蹈等视听方式传播给受众，即使是文化共同体之外的受众也能感受到宗教文化在龙门石窟中的重要地位，这种富有浪漫主义色彩的传播方式可以促进受众自发地与文化互动，滋润着受众的文化记忆①，使受众具有良好的沉浸式文化体验。

费孝通认为，好的文化发展不仅包括认识学习文化，更包括将文化引

① 张兵娟、李涵：《〈七夕奇妙游〉对文化记忆的浪漫想象与当代重构》，《新闻爱好者》2022年第5期。

向现代化①，景点官方的以科普为主题的短视频传播就做到了这一点。在科普主题的短视频中，传播内容以向大众介绍龙门石窟的较为微观的命名由来为主，科技进步为龙门石窟带来的新面貌也是其内容之一。景点的官方短视频常以"我在龙门修文物"为标签，抛开娱乐化和世俗化的快节奏气息，慢慢讲述龙门石窟的历史面貌以及现代修复，这种科普将文化"活"起来，为传统文化注入了现代气息，做到了文化价值的延伸。同时，龙门石窟景点的官方短视频传播将宏观的整体景象与微观的叙事风格相结合。总体上来说，短视频传播达到了不错的传播效果，但传播中也存在一些细微问题，下文笔者试指出这些问题并提出建议。

第一，受众参与度低。新媒体提供了多向互动的平台，用户的参与可以帮助传播者更好地了解用户诉求，促进文化共创。景点的官方短视频传播并没有充分吸引用户参与，主要是从龙门石窟自身的特色出发进行内容创作，尽管其短视频生成过程考虑到了提升传播效果，但这依然是传统的信息编码方式。亨利·詹金斯曾提出"参与式文化"的概念，参与式文化可以打破传统的以传播者为主导的内容生成模式，发动大众参与文化的创造可以促进短视频成为与公众共享、对话的集体知识，并且可以尽量减少官方自身的创造误差，达到更准确的内容传播的效果。龙门石窟景点官方媒体可以借鉴河南卫视打造文化节目的做法，发动广大受众，让用户参与到内容生成中来。河南卫视在打造"中国节日"的系列节目时，通过网络询问大众意见，并对已有内容进行调整修改，最终实现在节目"破圈"的效果，《唐宫夜宴》"破圈"后，河南媒体和河南博物院于微博开展二次创造，邀请网友参与对《唐宫夜宴》等的再创作，这种传播方式可以引发参与者的主动分享，形成更好的良性传播②。

第二，制作短视频时选择的热点往往与景点本身较为割裂。龙门石窟景点官方的短视频账号常常紧跟社会热点，以此作为短视频主题，比如"小满""白露"等节气以及"520""高考"等是龙门石窟景点官方所选

① 方李莉：《"文化自觉"与全球化发展：费孝通"文化自觉"思想的再阐释》，《文化研究》2007年第1期。
② 李佳瑜、李海敏：《文化类电视节目的创新研究——以河南卫视"中国节日"系列节目为例》，《当代传播》2022年第3期。

择的主题。通过点赞量、评论量等可以洞察出这类短视频的热度并不高，其原因在于这些社会热点与龙门石窟自身的特点较为割裂，并且这类短视频的制作质量较为一般，给人一种敷衍感。但是其中有部分与社会热点相联系的短视频热度较高，比如紧跟热点"刘畊宏女孩"所制作的短视频，这则短视频将龙门石窟里肌肉线条明显的石刻艺术与健身达人相对应，联系巧妙而自然。景点官方短视频传播选择的热点要与龙门石窟本身有自然而紧密的联系。

三　组织自媒体和个人自媒体短视频传播的问题及建议

民间有关龙门石窟景点的短视频传播的优点在于主题丰富多样，是景点官方传播的补充。正如上文所言，民间短视频的传播缺点比较突出，组织自媒体的短视频如同流水线的产品，规模化和统一化严重，缺少独一无二的灵韵；个人自媒体的短视频则将龙门石窟作为背景舞台，呈现过度的表演欲，而这种异化的短视频塑造了消费异化，文化消费者对这类短视频所表现出的喜爱反过来加强了呈现的异化。面对民间短视频传播场域中异化的情况，笔者提出如下建议。

第一，国家要提高对网络空间的治理能力，并促进社会形成良好的风尚。加强网络空间治理，营造风清气正的网络空间，是国家推进治理体系和治理能力现代化的重要方面①。政府应当促进社会主义核心价值观和社会主义核心价值体系深入人心，使自媒体自觉以此为短视频创作指导方针，从而促进社会形成良好的社会风气，避免利益成为自媒体唯一诉求。同时，国家政府应当完善相关的法律法规，并监管传播平台，从而建立起理性的传播桥梁。

第二，平台要规范引导资本逻辑，做好"把关人"。从马克思到法兰克福学派对异化本质的揭露可以得到异化本质上是资本推动的结论，若想改善目前民间有关龙门石窟传播场域的异化，就必须从资本视角入手，通

① 《东湖评论：加强网络空间治理，营造风清气正网络环境》，荆楚网，2021 年 8 月 22 日，http://focus.cnhubei.com/dhgd/p/14038058.html。

过规避资本逻辑产生的负面作用来引导传播的积极健康发展①。平台应当建立完善、有秩序的自媒体创作激励机制，改变以流量、粉丝量和点赞量等热度为唯一评判指标的规则，将"流量为王"转为"内容为王"，做好"把关人"，对自媒体内容进行审核。平台自身要在获取经济效益的同时兼顾社会效益，并在树立自身规范的基础上，引导平台中的自媒体以社会主义核心价值观为创作本心，在获取经济利润的同时坚持发挥良好的社会作用，平台应鼓励扶持具有创造性和原创性内容的自媒体。

第三，大众要提高新媒介素养。传统媒介素养指拥有正确使用大众传播资源的能力，并且能够在使用的过程中完善自我、参与社会，媒介素养往往指面对信息的选择能力、理解能力、质疑能力和理性思考的能力。在新媒体带来的大众传播时代，媒介素养发生了改变，新媒介素养在传统媒介素养的基础上，加入了身为传播者在传播信息时应具有的图像处理能力、优良信息选择能力、原创性信息创造能力、道德素养等，简言之，新媒介素养在原本作为传播受众应当具备的能力基础上加入了作为传播主体应当具备的能力，这是与新媒介发展相适应的。新媒介素养不仅仅是一种网络技术上的强调，更包含了道德素养的要求，这就要求传播主体兼顾社会效益。无论是传播者还是传播受众都应当提高媒介素养，因为两者的身份会相互转化，也会在传播链条中相互影响。

本章小结

通过研究发现，景点官方传播主题与组织自媒体、个人自媒体传播主题有极大的区别，景点官方短视频传播主题以历史文化、艺术形式和科普视频为主，视频内容中涵盖广泛的隐喻叙事方式，借此表现龙门石窟有关宗教的文化起源历史、开凿风格的宗教色彩以及佛教石窟建筑的特点和内核，而有关龙门石窟的民间短视频传播整体呈现异化的特征，主题与拍摄风格缺少文化底蕴且声音微弱，宗教文化缺席于民间短视频。

---

① 杨永赞、李全喜：《网络直播异化的表征、溯因及消解——以马克思异化劳动理论为视角》，《中学政治教学参考》2021 年第 44 期。

　　宗教文化是龙门石窟开凿之历史缘由和呈现的风格特征，但龙门石窟景点的官方短视频传播没有渲染宗教文化，而是将宗教文化隐喻在历史文化、艺术文化和现代文化中，让拥有共同文化基因的大众去感受宗教文化。这种形式的文化传播是面向大众的，拥有佛教信仰的民众可以读懂其中的隐喻，而没有佛教信仰的民众，也可以根据自己的文化记忆和接受过的历史文化教育来理解其中的意义，并且感受其所带来的历史文化或艺术文化等方面的震撼。总体而言，景点官方在把握宗教文化传播时的尺度恰当。景点官方的短视频传播也存在部分问题，如受众参与度低、热点选择与景区特征比较割裂等，因而对症下药很重要。面对民间自媒体整体异化的情况，政府、平台以及个人要共同致力于异化传播的改善。

第七章　短视频时代中原文化
传播创新策略

　　河南作为天下之中，诞生了辉煌灿烂的文明，中原文化在华夏文明中一直占据着重要的地位，是中华文化的核心组成部分。中原始终是中国政治、经济、文化的中心，中原文化的形成与发展是中华文明发展的缩影，更是影响和塑造了中华民族的价值观。中原文化作为中华文化的核心组成部分，蕴含着丰富的历史、人文和传统价值。它不仅代表了中原地区深厚的文化底蕴，也是中华民族社会、政治、经济、艺术等各个方面演变发展的缩影和代表。因此，做好中原文化的传承和传播，是推进文化自信自强的重要举措。

　　短视频时代的到来给中原文化的创新化传播带来了新的机遇。短视频以其独特的传播方式生动形象地展示了中原文化的魅力，吸引了更多人的关注。同时，短视频的普及和流行为我们提供了更加便捷的传播渠道，使得中原文化的传播更加广泛和深入。但短视频时长较短、娱乐化倾向等特征也给中原文化的传播带来了一定的挑战。

　　党的二十大报告指出，要"推进文化自信自强，铸就社会主义文化新辉煌"①，要通过提炼展示中华文明的精神标识和文化精髓来传承中华优秀传统文化，从而不断提升国家文化软实力和中华文化影响力。2023 年 10 月 7 日至 8 日，全国宣传思想文化工作会议在北京召开。会上传达了习近平总书记重要指示，首次提出了习近平文化思想。在"七个着力"中习近平总

---

① 习近平：《高举中国特色社会主义伟大旗帜　为全面建设社会主义现代化国家而团结奋斗——在中国共产党第二十次全国代表大会上的报告》，人民出版社，2022，第 42 页。

书记提到，要"着力赓续中华文脉、推动中华优秀传统文化创造性转化和创新性发展"。①

中华优秀传统文化的创造性转化和创新性发展与中原文化的创新化传播是一脉相承、整体与局部的关系，中华文化的"根"与"魂"是黄河文化，而黄河文化的核心是中原文化。② 中原在中华文明核心进程中作为总引领者具有十分特殊的意义。③ 因此，做好中原文化的创新化传播是推动中华优秀传统文化创造性转化和创新性发展的关键。

短视频作为当下流行的传播形态，受众广泛，成为社会大众"触网"的典型平台，在此平台上大众完成信息的传播和社会交往。短视频具有直观、生动、简洁的特点，能够以易于接受的视觉化形式触及受众，达到较好的传播效果。在当前的数字化时代，短视频已经成为一种全球性的流行文化，其传播速度之快、覆盖面之广、影响力之强，是其他媒体形式所无法比拟的。短视频平台的繁荣为中原文化的发展提供了更宽广的叙事平台，也影响着中原文化的叙事方式和内容。在中原文化的传播中，短视频具有非常高的价值和非常大的潜力。

首先，短视频可以通过直观的画面和生动的音效，让观众更加深入地了解中原文化的独特魅力。这些视频可以包括中原地区的风景、美食、民俗、艺术等方面的内容，让观众感受到中原文化的丰富多彩和博大精深。其次，短视频可以通过社交媒体等平台进行广泛传播，使得中原文化的影响力和知名度得到进一步提高。这些视频可以通过分享、点赞、评论等方式得到更广泛的传播，让更多的人了解和认识中原文化。最后，短视频可以通过创意和设计，将中原文化的精髓和现代元素相结合，推动中原文化的创新和发展。这些视频可以通过添加现代音乐、特效等元素，让观众在更加深入地了解中原文化的同时，让这种文化更加具有时代感和现代感。

短视频平台的繁荣为中原文化的发展提供了新的机会和可能性。通过

---

① 《习近平对宣传思想文化工作作出重要指示》，中国政府网，2023 年 10 月 8 日，https://www.gov.cn/yaowen/liebiao/202310/content_6907766.htm。
② 李庚香：《中原学与河洛学》，《中州大学学报》2022 年第 5 期。
③ 李庚香：《现代化视域下中原学的研究趋向与未来发展》，《黄河科技学院学报》2021 年第 13 期。

直观展示中原文化的独特魅力来提高其影响力和知名度、推动其创新和发展等，短视频成为中原文化传承和发展的重要力量。短视频传播速度快、传播范围广的特点促进了文化的快速扩散，对传播中原文化起到了积极的推动作用，但同时为文化传播带来了一定的挑战，短视频传播可能会带来文化简化。中原文化的厚重性与短视频传播的"快餐化"消费具有一定的矛盾，短视频由于时长限制，往往需要简化和提炼文化内容，无法完整地呈现中原文化的深厚内涵。为了追求点赞量和关注度，一些短视频可能会因为过于注重形式和表面效果而忽略了文化本身的深度和复杂性。这种碎片化、片段式的展示可能会带来文化简化的负面效果，导致受众对中原文化理解的片面和浅薄，从而造成中原文化的失真或误读。为了降低文化简化的负面影响，就需要短视频创作者深入了解中原文化的历史、特点和发展历程，从中汲取灵感和素材，同时注重呈现文化的多样性和丰富性。可以通过多种形式和角度的呈现，让受众更全面地了解中原文化的内涵和价值。此外，对于受众的反馈和评价，创作者需要认真听取和思考，及时调整创作策略，取得更好的传播效果。

总之，短视频对传播中原文化具有重要的意义和价值，我们应当深入挖掘中原文化的精髓和特色，结合现代元素和创意设计理念，打造具有吸引力和竞争力的短视频作品；同时要注重细节处理和品质提升、加强与观众的互动和交流、培养专业人才等。做好全流程传播，才能更好地传承和弘扬中原文化，推动中华优秀传统文化的创造性转化和创新性发展，提升国家文化软实力和中华文化影响力。

第一节　内容创意与策划

一　构建系统的叙事结构

中原文化的传播主体具有广泛性的特征，既包括官方主流媒体，也包括自媒体用户，既包括专家学者也包括普通大众。因此，可以将叙事主体分为两大类：官方叙事和个体叙事。中原文化的传播应该形成以官方叙事为主、个体叙事为辅的叙事结构。

（一）官方叙事

政府机构或者主流媒体通过各类短视频平台进行表达的叙事可以被称为官方叙事。在中原文化的传播过程中，官方叙事有着十分重要的作用，可以掌握话语权、引导叙事内容的主题走向和社会关注，是中原文化叙事中的旗帜和风向标。

（1）主导叙事话语权

人们不是直接地接触客观现实，而是以叙述性话语的表达为中介进行体验的。[①] 叙述性话语在什么样的空间下开展、如何开展，就成为十分重要的问题。官方叙事通过政策文件等确立中原文化的重要地位，明确传播的重要性，确立叙事内容的"合法性"。

（2）建构官方叙事话语体系

中原文化博大精深，涉及历史、科技、民俗、宗教等众多文化单元，每个文化单元又包含众多文化因子，当前的传播中虽然时有文化热点爆出，但整体性、全局性的传播格局尚未形成。这是个体叙事难以完成的工作，需要官方叙事搭建话语框架，从宏观上构建中原文化传播的主体结构，形成多层次、多角度的立体化传播格局。虽然自媒体平台的兴起导致大众传播媒介的议程设置功能明显减弱，但在智媒体时代，算法与大数据的深度融入在一定程度上形成了一种新的"议程设置"，这为官方构建叙事话语体系提供了新的机会。

（3）短视频序列化和主题化

中原文化底蕴深厚、体系庞大，涉及历史文化、科技文化、宗教文化等众多方面，如此庞大的体量既是文化优势，也给传播带来了一定的难度。短视频传播存在碎片化的特征，而庞大体量的中原文化要想借助短视频平台提升传播效果，就必须在内容结构上实现序列化和主题化，构建起一个结构清晰的框架，让受众对中原文化有一个整体上的认知，如此才能清楚每一个短视频作品在中原文化中的位置和意义。

具体在操作层面上，首先应该有全局性的结构普及，在此基础上可以

---

① 〔美〕丹尼斯·K. 姆贝：《组织中的传播和权力话语、意识形态和统治》，陈德民等译，中国社会科学出版社，2000，第10页。

设立"中原文化系列""中原历史系列"等分类，通过序列化和主题化的短视频制作方式，将零散的信息整合成有机的整体，帮助观众更全面地了解和掌握知识，让观众在短时间内深入了解中原文化的精髓和历史背景。

搭建中原文化框架可以使短视频序列化和主题化，这为用户提供更全面、更具体、更有价值的内容体验，从而为中原文化在短视频平台的传承和发展做出纲领性规划。

（二）个体叙事

非官方机构和个人通过自媒体平台进行表达的叙事可以被称为个体叙事。在中原文化的传播结构中，官方叙事确定的主体框架，是传播体系中的"骨架"，个体叙事在框架的基础上进行个性化创作，起到丰富和填充叙事内容的重要作用，是传播体系中的"血肉"。

个体叙事在中原文化的传播结构中扮演重要的角色。它们通过自媒体平台，如微博、微信公众号、抖音等，向广大受众传递中原文化的独特魅力。它们不仅拥有丰富的想象力和创造力，还对中原文化有着深入的研究和理解。

在这些个体叙事中，有的以传统民俗文化为切入点，通过讲述民间故事、传承非物质文化遗产等方式，展现中原文化的深厚底蕴；有的则从历史人物、古迹遗址等方面入手，通过讲述历史故事、还原历史场景等方式，呈现中原文化的悠久历史；还有的从地域特色入手，通过描绘风土人情、介绍地方美食等方式，展示中原文化的多样性和独特性。

这些个体叙事不仅丰富了中原文化的传播内容，还为官方叙事提供了有益的补充。它们以更加生动、形象的方式，将中原文化的精髓呈现给广大受众，激发了人们对中原文化的兴趣。同时，这些个体叙事为官方叙事提供了更多的素材和灵感，促进了官方叙事与个体叙事之间的良性互动。

在中原文化的传播结构中，官方叙事和个体叙事各有其独特的地位和作用。官方叙事通过制定传播策略、搭建传播平台等方式，为个体叙事提供了广阔的发展空间；而个体叙事则以其独特的视角和表达方式，为中原文化的传播注入了新的活力和动力。二者的相互配合、相互促进，共同构建了中原文化传播的完整体系。

二　内容选择与展示策略

传播内容的创新是短视频时代中原文化创新传播的核心。中原文化在传播内容上发力，需要既保留传统文化的精髓，准确把握中原文化的基因，又能结合现代元素进行创新，从而提升受众的认同感。创新内容要以满足人民群众的需求为导向，把握好内容选择和展示的角度，要有用户思维和市场思维。

（一）传统文化元素的挖掘与创新表达

对传统文化的挖掘和重新解读，可以让更多的人了解和认识中原文化的内涵和价值。海量的传统文化元素是进行创新化表达的基础和优势。中原文化历史悠久、影响深远，必须准确理解其文化的核心内涵和精髓，才能做到在传承中创新、在创新中传承。要想准确把握中原文化的核心内涵，就需要借助文化基因理论对中原文化进行剖析，了解其本源，抓住其在历史变迁中不变的内核。

文化基因的概念最早来源于 1998 年由吉林人民出版社翻译出版的查理德·道金斯的《自私的基因》。2001 年吉林人民出版社翻译出版了苏珊·布莱克摩尔的《谜米机器》（*The Meme Machine*），对基因的概念进行了进一步补充，至此 Meme 概念正式引入国内。

2013 年吴秋林教授在《文化基因新论：文化人类学的一种可能表达路径》中指出，与生物基因相类比，也存在一个可用来表征人类"文化本性"、深刻影响文化性质的基本文化单位——文化基因，人类文化可以在文化基因的认知与表述中得到重新考量。[①] 2021 年北京邮电大学的赵海英副教授在《文化基因研究缘起、进展与未来研究思考综述》中提出文化基因作为一个跨学科的新概念，有助于我们更深入挖掘文化基因理论及其应用价值。

习近平同志多次在讲话中用"基因""文化基因""精神基因"等概念肯定中华优秀传统文化，从而形成了以"文化基因"为核心的关于传统与现代、中华优秀传统文化与中国特色社会主义之间关系的系统论说。

---

① 吴秋林：《文化基因新论：文化人类学的一种可能表达路径》，《民族研究》2013 年第 6 期。

中原文化要想在内容上创新，就必须先深刻把握中原文化的基因，掌握中原文化的遗传物质。深入研究和挖掘中原文化的根源和核心价值，找到其独特的文化基因和文化符号，可以在传承和创新的过程中更好地表达和传播中原文化的精髓和特色。

（二）融合现代元素，提高观众认同感

在传承和传播的过程中，一方面需要进行溯源性的挖掘和保护，另一方面需要立足当下、面向未来，结合现代社会的需求和变化，将中原文化的精髓和特色与现代文化相结合，创造出更多具有时代感和现实意义的文化产品。

（1）与传统文化的融合

挖掘传统文化内涵。中原文化有着深厚的内涵和独特的魅力，传统手工艺品、民间艺术、民俗文化等既代表了过去，是中原文化形成的原因和表现形式，也是中原文化最主要的特征。中原文化的创新必须是在传承的基础上进行创新，否则将是无根之木、无源之水。将这些表征物纳入叙事话语，一方面彰显了底蕴与内涵，代表了传承，另一方面有利于唤起共同的文化记忆，激发共情能力，是打开共情的重要通道。短视频可以通过展示这些传统文化的魅力，让观众感受到中原文化的深厚底蕴。

（2）在现代语境下创新

在短视频时代的中原文化创新传播中，既需要准确把握中原文化的基因和核心价值，更需要结合现代社会的需求和变化，创造出更多具有时代感和现实意义的文化产品和文化活动，让更多的人了解和认识中原文化，从而推动中原文化的传承和创新发展。

①挖掘传统文化内涵：在短视频时代，要挖掘中原传统文化的独特魅力。可以通过短视频展示这些传统文化的魅力，例如，可以拍摄传统手工艺品的制作过程，展示民间艺术的表演场景和民俗文化的独特魅力，让观众了解和认识这些传统文化元素的内涵和价值。

②创新表达方式：在保留传统文化内涵的基础上，利用现代的创作手法和表达方式呈现中原文化。例如，可以利用动画、特效等现代技术手段，创新性地展示中原文化的独特魅力。

③突出地方特色：中原地区的特色文化也是值得关注的重点。在短视

频中，可以突出展示地方特色的元素，如方言、美食、民俗等，让观众更好地了解和感受中原文化的多样性。

④融入现代元素：除了传承和展示传统文化之外，还可以将现代元素如流行音乐、时尚元素等融入其中，以吸引更多年轻观众的关注。

中原文化的传播需要在保留传统文化精髓的基础上进行创新，在传承中创新是中原文化在短视频时代的重要策略之一。结合现代元素进行重新编码和再创造，从而打造具有时代感和现实意义的中原文化品牌。深入挖掘传统文化内涵、创新表达方式、突出地方特色以及融入现代元素等，可以让中原文化的传播内容更加生动、有趣、具有时代感。

三　故事性与互动性策略

詹姆斯・W. 凯瑞（James W. Carey）在 20 世纪 70 年代提出了传播仪式观，认为传播不仅是信息的传递，更是一种以团体或共同身份把人们吸引到一起的神圣仪式。[①]

传播仪式观强调传播在建立社会共同体、共享意义和信仰、维系社会整合方面的重要作用。传播仪式观关注的不是信息传递的效率或效果，而是传播在日常生活中所扮演的角色，以及它如何维系社会秩序和共享信仰。中原文化当中包含众多名人名家和历史事件，这给短视频叙事带来了极为丰富的题材。采用叙事人物化、人物故事化、故事结构化的理念，通过短视频呈现这些文化内容。

（一）创新故事叙述手法，提高观众兴趣

故事化叙事带来的情感卷入是一种内在的互动形式，能够吸引观众的注意力并让他们产生情感共鸣。这种叙事不仅是一种信息的传递行为，更是一种通过短视频这种形式进行的文化和社会大众的互动。在传播过程中，它完成了文化信息的传递和情感的表达，同时基于共同的文化背景进行身份的构建、文化信仰和民族情感的凝聚。这种文化和情感的流通，对于民族、社会的形塑和重构起到了重要的作用，共同营造了一种仪式感和

---

① 〔美〕詹姆斯・W. 凯瑞：《作为文化的传播》，丁未译，中国人民大学出版社，2019，第4 页。

社会团结。

互动性元素和内容的增强可以让情感互动走向更深层次。短视频的评论区是受众参与叙事的重要平台，以评论区和弹幕作为中介，构建起内容生产者和受众的交往桥梁。通过评论及弹幕与受众进行互动，是提高受众参与度的重要手段。在这个平台上，受众可以分享自己的看法、感受和思考，从而与创作者产生更深层次的交流和互动。这种互动不仅增强了观众的参与感和归属感，还为创作者提供了改进的方向。

通过故事化叙事和互动形式的结合，短视频成为一种具有高度传播力和影响力的新媒体形式。它不仅能够传递信息，还能够促进文化认同和凝聚社会力量。在这个过程中，共同的文化背景和情感体验成为连接人们的重要纽带，而短视频则成为展示和传播这些体验的重要平台。

（二）利用社交媒体功能，鼓励受众参与

短视频平台具有社交媒体的属性，传播者和受众之间可以通过私信、发表评论、弹幕、点赞等形式进行不同程度的互动。在中原文化短视频传播的过程中，要利用好社交属性，强化和受众之间的互动，鼓励受众参与讨论和生产，提升传播效果。

传播主体应该及时关注热门评论和弹幕。及时和热门评论进行互动，拉近传播者和受众之间的心理距离，提升用户忠实度。短视频博主经常通过点赞和回复某些评论来增强与受众的互动。短视频的评论区和弹幕区是讨论视频相关话题的公共空间，博主通过点赞和回复，一方面可以拉近与受众的距离，从"台前表演"来到"台下互动"，提升亲民值，也是打造人设的重要途径；另一方面，通过选择性点赞和回复来进行话题的引导，起到议程设置的作用。

在内容创作方面可以参考热门评论。这是受众心理的显示器和需求的风向标，对下次创作的方向和内容做出了间接性指示。博主可以从中寻找灵感，探索受众的兴趣和情感，以此来决定下一次创作的内容，但也需要谨慎对待，虽然它们可以提供有用的信息，博主也需要注意不要过度依赖它们。热门评论并不一定代表所有人的观点，它们只是反映了在特定时间点上一部分人的看法和情感。因此，我们在进行内容创作时，还需要考虑更广泛的市场需求和受众兴趣。热门评论还可以帮助了解受众的情绪和反应。如果发现某些评论中充满了积极的情绪，那么在之后的创作中继续加强这些元素。同样，如果发现某些评论中充满了消极的情绪，那么在下一次的创作中尽量避免这些问题的出现。

对于主题和内容相对固定的短视频，可能在内容创作方面无法参考受众意见，那么可以将热门评论灵活运用到短视频中来。例如玄幻题材动漫《遮天》，根据同名网络热门小说改编而来，剧情走向按照小说故事线展开，内容相对固定，所以无法根据弹幕评论改变内容创作，但是每期的弹幕评论会被灵活化地用到下期作品的前情回顾中。对受众来说，这种做法是官方的间接点赞，看似只是浅层次用户贡献，实则达成了深度互动，这种形式保证了作品始终被受众喜爱，在提升作品亲和度时，也会刺激到受众，鼓励受众创作更多的热门评论甚至参与到创作中来，从而形成良性循环。

第二节　品牌塑造与传播

一　做好文化品牌定位与塑造

中原文化涉及领域众多且内容庞大，传播过程中存在一定的问题，一是尚未形成品牌化，缺乏整体性的规划，这就导致中原文化在传播过程中"声音"分散，无法形成合力。二是内容同质化严重，缺乏特色。

（一）塑造中原文化在中华文化中的核心地位

在中华文化的历史长河中，中原文化始终占据着举足轻重的地位。正如孔子所言："君子务本，本立而道生。"中原文化正是中华文化的根本所在，当前我们弘扬中原文化就必须首先明确它的重要地位和作用。

从品牌定位理论出发，塑造中原文化在中华文化中的核心地位，可在短视频平台发布政府相关政策文件、领导相关言论等视频，为中原文化的核心地位定调。这些视频可以包括政府出台的相关政策，如文化保护、文化遗产传承等，以及领导人在公开场合发表的关于中原文化的言论，如强调中原文化的重要性以及价值等。

这些视频可以通过视觉和听觉的方式，向观众展示中原文化的独特魅力和深厚底蕴。同时，可以利用短视频平台的社交属性，邀请观众参与讨论和分享，进一步提高中原文化的影响力。

此外，可以在短视频平台发布一系列关于中原文化传承和发展的视频。这些视频可以通过展示中原文化的多样性和独特性，吸引更多的人关注和了解中原文化，从而进一步提高中原文化在中华文化中的核心地位。

通过以上方式，可以在短视频平台上塑造中原文化在中华文化中的核心地位，并通过互动和分享的方式，提高中原文化的影响力和知名度。这对于弘扬中华文化、增强文化自信具有重要意义。

（二）打造中原文化品牌

在短视频时代，打造中原文化品牌是实现中原文化传播创新的重要途径之一。品牌形象是文化传播的"门面"，对于用户深入了解和认可中原文化至关重要。根据 CIS（Corporate Identity System）战略，中原文化品牌的打造可以从三个方面入手，即理念识别 MI（Mind Identity）、行为识别 BI（Behavior Identity）、视觉识别 VI（Visual Identity）。

理念识别方面，从中原文化的基因入手，提炼中原文化的核心价值，找到中原文化独特的优势，让人们了解中原文化的核心价值观和特点，形成品牌独特的市场竞争力，凝练出中原文化传播的指导性思想。以文化品牌故事为载体，通过短视频的直观性和生动性，展现中原文化的独特魅力和核心价值。例如，可以通过讲述历史人物、文化遗产、民间传说等，让受众感受到中原文化的厚重感和历史底蕴。在短视频平台和其他社交媒体上发起有关中原文化相关话题的讨论、投票等活动，引起社会关注，激发对于中原文化内涵的大讨论，在提升关注度的同时提升公众对于中原文化的认知度。

行为识别方面，一系列的文化活动、文化节目，包括短视频发布之后的评论区回复，都可以被理解为行为识别的组成部分，行为识别是理念识别的具体表现。在短视频时代，技术大量拓宽了行为识别的范畴，线上线下相结合，例如线下举办的一些文化活动可以通过短视频来进行宣传造势、同步直播，也可以将线上的某些热门话题转移到线下落地，通过一系列的表现形式彰显中原文化的魅力。

视觉识别方面，要注重打造具有辨识度的中原文化品牌标识。中原文化品牌的打造需要设计独特的视觉形象和标志，通过视觉识别让人们快速认识和记忆品牌。品牌标识是品牌形象的"名片"，具有独特的视觉冲击力和文化内涵，能够被用户快速识别和记忆。例如，可以设计具有中原文化特色的 Logo 和 VI 系统等，通过统一的视觉形象，提高中原文化品牌的辨识度和认知度，最重要的是视觉识别系统的统一性，要起到外在示差、内在统一的作用。

中原文化品牌的打造需要从理念识别、行为识别和视觉识别三个方面入手，通过塑造中原文化在中华文化中的核心地位、打造独特的品牌形象和理念、制定相应的行为规范和标准、设计独特的视觉形象和标志等方式提升品牌形象和认知度，形成独特的文化 IP。

二　跨界合作与品牌联动

为了提升传播效果，在建立自身品牌形象和文化 IP 的基础上，延展 IP 链条，多途径、宽领域地进行跨媒介叙事，丰富文本形式。除此之外，可以进行跨界合作和品牌联动，利用其他品牌和 IP 的知名度为中原文化 IP 赋能，实现受众圈层的互融。

（一）与主流 IP（知识产权）联动，吸引年轻受众

在当下信息化的时代，年轻受众的注意力已经成为各个领域争夺的稀缺资源。近年来，年轻群体越来越成为文化传播的重要力量，越来越多的文化 IP 开始通过网络平台和社交媒体等渠道进入年轻受众的视野。其中，中原文化作为中国传统文化的重要组成部分，可以与主流 IP 进行联动，获得年轻受众的关注和喜爱。

中原文化可以借助主流 IP 的影响力，扩大自己的传播范围。例如，可以将中原文化元素融入热门电影、电视剧、动漫、游戏等 IP 中，通过这些 IP 的传播，让更多年轻受众了解和认识中原文化。利用这些 IP 的流量优势，提高中原文化的曝光度和知名度。可以与其他有影响力的短视频创作者或品牌进行合作与联动。例如，可以与其他领域的知名博主共同创作和发布有关中原文化的短视频。

在未来的发展中，中原文化与主流 IP 的联动将会更加紧密和多元化。随着数字技术的不断发展和年轻受众对于文化消费需求的不断提高，这种

联动将会在未来发挥更加重要的作用。

（二）开发文化作品，丰富表现形式

中原文化可以通过与主流 IP 的联动，打造自己的 IP 形象。例如，可以开发以中原文化为主题的动漫、游戏、玩具、服装等产品，通过对这些产品的推广和销售，让年轻受众更加深入地了解和喜爱中原文化。

开发融入中原文化元素的动漫作品，让中原文化的魅力在动漫的独特艺术形式中得到展现。与游戏开发企业合作，将中原文化元素融入游戏，让玩家在游戏的乐趣中感受中原文化的厚重。例如，可以开发一些以中原历史为背景的网络游戏，让玩家在游戏中了解和体验中原历史和文化。还可以通过音乐来传播中原文化，邀请一些知名的音乐人创作一些以中原文化为主题的歌曲，通过音乐的传播和演唱会的推广，让更多的人了解和喜爱中原文化。

在联动过程中，也需要注重保护和传承中原文化的传统特色和精髓，避免过度商业化和泛滥化。因此，需要加强对中原文化的研究和保护，通过专业机构和专家学者的力量，确保中原文化的传承和发展契合历史和文化背景。

中原文化与主流 IP 的联动是一种合作共赢的形式，互相赋能，促进共同繁荣。通过与不同领域的合作，传播主体可以更加深入地挖掘和传承这一宝贵的文化资源。同时，需要注重保护和传承中原文化的传统特色和精髓，让其在新的时代背景下焕发更加绚丽的光彩。

（三）品牌联动合作，文化和经济相互赋能

随着中华优秀传统文化的崛起，国潮文化越来越受到年轻群体的喜爱。中原文化可以与众多知名品牌展开精彩的联名合作。

通过与国货品牌合作，打造联名产品。可以选择河南知名品牌进行合作，例如白象、双汇、卫龙、宇通、好想你等品牌，这些品牌起源于河南，品牌自身的发展必然受到了中原文化的熏陶，其中很多品牌也在借助短视频平台做宣传，中原文化可以通过与这些河南品牌进行联动、合作，利用品牌的影响力和资源进行宣传，在产品开发、包装设计、广告宣传、吉祥物打造等方面进行合作，实现文化发展和经济发展相互助力。

这些创意设计和文化元素相融合，能够打造出更具吸引力和影响力的产品，融入大众生活的方方面面，将中原文化日常化、生活化，向更多人传播中原文化的精髓和独特魅力，达到潜移默化、润物无声的效果。这样的合作不仅有助于提升中原文化的知名度和影响力，更能让这一传统文化在新的时代背景下焕发新的生机和活力。

第三节　数据驱动与赋能

一　技术运用策略

在短视频时代，技术支持对中原文化传播内容呈现的重要性更加凸显。良好的短视频制作技术可以提高内容的吸引力和感染力，让观众更好地理解和接受中原文化，同时有利于提高中原文化传播内容的品质和美观度，从而提升内容的标准和质量。还能够提高生产效率和降低制作成本，使得短视频的生产和发布更加便捷和快速。

（一）视频剪辑与后期处理技巧

在制作中原文化短视频时，需要掌握一定的剪辑与后期处理技巧。通过合理的剪辑和后期处理可以使视频更加生动、有层次感，从而更好地传达中原文化的魅力。

（1）选择合适的视频编辑软件

选择一款功能强大、操作简单的视频编辑软件非常重要。常见的视频编辑软件有 Adobe Premiere、Final Cut、剪映等，这些软件都具有强大的编辑功能和特效库。根据视频题材，选择合适的剪辑软件，可以创作出符合要求的高质量短视频。

（2）筛选质量较高的素材

在开始剪辑之前，需要先对拍摄的素材进行筛选和整理，筛选出质量较高的素材，并将它们归类整理到不同的文件夹中，方便后续的剪辑工作。

（3）合理使用镜头语言

将筛选整理好的素材进行镜头组合，根据视频的节奏和逻辑关系进行排列。通过剪辑，可以将视频素材中不需要的部分剪掉，从而让视频更加精炼、有趣。在拼接时则可以将不同的素材组合在一起，形成一个完整的故事情节，并且镜头的拼接可以生成新的意义，合理使用蒙太奇语言有利于更好地叙事。在镜头组合时，可以运用过渡效果，调整画面亮度、对比度等手段，使镜头更加流畅，提升观众的观看体验。

（4）字幕设计

在短视频中，字幕是非常重要的元素之一。通过字幕，可以传达视频的主题和情感，同时可以增强观众的观看体验。在设计字幕时，需要注意字幕的大小、颜色、位置等因素，确保字幕能够清晰、美观地呈现给观众。

（5）音效处理

在剪辑过程中，可以加入一些音效来提高视频的表现力。例如，在展示美丽的风景时，可以加入轻柔的音乐或者自然声音；在表现人物情感时，可以加入一些煽情的音效。同时，需要注意音效的音量和持续时间，避免干扰观众。同时，需要注意音频与视频的同步问题，避免出现音画不同步的情况。

（6）调整色彩与亮度

色彩与亮度是影响视频视觉效果的重要因素。通过调整色彩与亮度，可以让视频更加生动、鲜明。根据视频的主题和风格，可以选择一些常见的色彩调整方法，如调整亮度、对比度、色温等。通过色彩调整，可以使视频更加生动、有层次感。

（7）导出并上传平台

完成视频编辑和特效制作后，最后一步就是导出与分享。不同的短视频平台在视频格式和形式的要求上可能存在差异，根据平台特性和自身需求选择合适的格式和质量。

（二）创意特效与动画制作

在短视频中运用创意特效与动画，能够让视频充满趣味和创造性，为人们带来丰富多彩的视觉体验。在中原文化短视频的传播过程中，从创意的角度出发，利用先进的特效技术和动画效果来提高视频的视觉表现力和情绪感染力，让视频内容更加生动、形象，引发观众的共鸣和情感投入。

创作者需要充分发挥自己的想象力和创造力，结合主题和内容，设计出独特的特效和动画。例如，可以使用一些流行的特效软件，如 Adobe After Effects、Cinema 4D 等，来制作各类特效。例如抖音平台博主"朱铁雄"，其作品大多在宣传中华优秀传统文化，与其他传统文化领域博主相比，其作品最主要的特征就是特效精美，这也是他走红的最主要原因。以往大众对于短视频的认知就是简洁真实，加之短视频平台的门槛相对较低，大部分作品的创作都是走"轻巧"路线，受众司空见惯，带有电影级别特效的短视频一旦出现，会让人眼前一亮。

利用技术手段提升中原文化短视频的视觉表现力和情绪感染力，不仅可以更好地传承和弘扬中原文化，还可以为观众带来更加生动、有趣的视觉体验，实现文化传承与娱乐的完美结合。

二　借助大数据与人工智能，实现精准传播

随着科技的不断进步，大数据和人工智能已经成为现代社会发展的重要驱动力。大数据和人工智能对中原文化短视频传播具有重要的价值，显著提升了传播效果和效率，还可以带来更多的商业机会和文化创意。

（一）利用大数据实现精准化、个性化推送

利用大数据技术可以让中原文化短视频实现更加精准化传播，从而更好地满足用户的需求和喜好。同时，这两项技术的运用也可以为中原文化短视频的传播和发展提供更加广阔的空间。大数据还可以为中原文化短视频传播提供更多可能性。例如，通过分析用户的社交媒体行为和浏览记录，可以精准地推送相关的中原文化短视频，提高用户对视频的点击率和观看时长。人工智能技术还可以实现视频内容的智能推荐，根据用户的兴趣和偏好，推送更加符合用户需求的中原文化短视频。

运用大数据技术对用户行为进行深度分析，能够精准把握短视频用户的年龄、性别、地域、职业、在线时间、浏览时长等数据，进而把握不同用户群体的观看习惯和喜好，绘出精准的用户画像。结合用户画像，能够将用户进行细致的分类，如年轻人群、中老年人群、职场人士、学生等。针对这些不同的群体，精心制作并精准推送符合他们口味的中原文化短视频。

对于年轻人群，我们注重创意和趣味性，用新颖独特的方式展示中原美食、民俗文化、历史故事等元素，引发他们的兴趣和共鸣。针对中老年人群，则更加注重传统文化的呈现和演绎，通过经典的豫剧、相声、河南话段子等，让他们感受到中原文化的深厚底蕴。对于职场人士，推出有关

职场礼仪、职业规划、创业故事等主题的短视频，为他们提供实用的参考和启示。而针对学生群体，则注重知识性和教育意义，制作历史人物传记、传统文化知识、学习方法等主题的短视频，帮助他们拓宽视野、增长知识。

在推送中原文化短视频的过程中，还可以借助现代科技手段如虚拟现实、增强现实等，为用户带来沉浸式的体验和感受。同时，通过社交媒体等平台的互动交流，积极听取用户的反馈和建议，不断优化推送内容和方式。

（二）利用人工智能技术提高用户观看率和留存率

人工智能技术在中原文化短视频传播中的应用也具有广阔的前景。利用人工智能技术，可以对中原文化短视频进行智能化分类、标签化处理等，从而使用户可以更加方便地搜索和浏览自己感兴趣的中原文化短视频。同时，人工智能技术可以对用户的反馈和评价进行分析和归纳，为进一步提高中原文化短视频的质量和传播效果提供有益的参考。

此外，人工智能技术可以应用于中原文化短视频的创作过程中。利用人工智能技术对大量的中原文化历史资料进行深度学习和分析，可以提取出最具有代表性和吸引力的元素，用于创作出更加生动、有趣的中原文化短视频。同时，人工智能技术可以对用户的观看行为和兴趣进行分析，为创作人员提供更加精准的创作建议和参考。

在未来的发展中，人工智能技术在中原文化短视频传播中的应用会越来越广泛。随着技术的不断进步和应用的不断深入，人工智能技术将会为中原文化短视频的传播带来更加广阔的发展空间和更多的可能性。同时，需要注意到人工智能技术在应用过程中所面临的数据隐私、算法公正等问题，确保人工智能技术的应用符合社会伦理和法律规定，从而为中原文化短视频的传播提供更加安全、可靠的保障。

（三）优化短视频 SEO

SEO（Search Engine Optimization）指的是搜索引擎优化，在短视频中可以通过合理使用关键词、描述、标签等，提高中原文化相关短视频在搜索引擎中的排名，从而吸引更多未触达的观众。[①] 同时可以在视频描述中

---

① 刘浩：《网络推广中 SEO 常用方法探析》，《科技与企业》2012 年第 16 期。

加入相关的链接，引导用户了解更多信息或者跳转到其他相关视频。

在发布短视频之前，需要准确把握短视频内容，并且对当前热门话题有相当高的敏感度，从而为作品选择匹配度高的关键词、描述、标签等，这可以帮助搜索引擎更好地理解视频的内容，并且可以吸引更多的观众点击观看。

短视频创作者和发布者需要具有良好的网感，要对网络有深刻的理解和敏锐的洞察力。培养良好的网感，首先要关注网络上的热门话题和流行趋势，中原文化传播相关的短视频创作者和发布者需要保持敏锐的洞察力，在不同阶段、不同时间点，热门话题和标签会有所不同，要研究和分析话题走向和热门词汇。其次，短视频创作者和发布者还需要善于运用网络语言和网络文化。网络语言和网络文化具有很强的流行性特征。短视频创作者和发布者能够熟练运用网络语言和网络文化，就能更好地与用户进行沟通和交流，让用户产生情感共鸣。最后，要有灵活的反应能力。在网络时代，信息更新速度极快，热门话题和流行趋势变化很快。因此，短视频创作者和发布者需要及时捕捉到新的热点和趋势，并迅速做出反应，调整作品的标签和描述。

通过其他社交媒体平台分享视频链接也是一种扩大视频传播范围的方法。例如，可以在微信、微博、小红书等社交媒体平台上分享视频链接，以便吸引更多的观众点击观看视频。总之，通过合理使用各种方式来优化短视频的 SEO，可以吸引更多观众观看视频，提高视频的排名和传播效果。

第四节 社群运营与联动

一 线上线下结合，提高用户的参与度

在短视频时代，中原文化的传播应该在更广阔的场景中展开，不仅可以借助短视频平台，还可以通过线上与线下相结合的方式，提高用户的参与度和认同感，进一步提高传播效果。

（一）线下活动让用户体验中原文化

在线下活动中，中原文化传播的仪式化更强，通过物质性载体和身体的在场，形成一个传播空间，让用户更加深入地了解和体验中原文化。人们通过实物的展示、表演和讲解，更加直观地感受到中原文化的魅力。比如，在展览馆中，通过展出的中原地区的文物、历史遗迹和艺术作品，人们可以更深入地了解中原文化的历史渊源和特点。举办有关中原文化的讲座和研讨会，邀请专家学者和民间艺人，探讨中原文化的传承与创新，同时吸引更多人对中原文化产生兴趣。仪式化的表演和讲解让人们更加深入地了解中原文化的内涵和价值。

除了展览馆，线下的中原文化传播活动还包括各种文化节、文化交流活动、讲座和演出等。在这些活动中，人们可以通过身体的在场亲身感受中原文化的氛围和气息。比如，在文化节中，人们可以欣赏到中原地区的传统表演、手工艺品和美食，也可以参与各种有趣的互动游戏，从而更加深入地体会中原文化。

线下活动是群体性传播的重要途径，它让有着共同兴趣爱好的人们聚在一起，将网络空间中属于弱关系的趣缘群体转化为现实中的强关系团体，从而提高了文化认同、身份认同和群体归属感。

线下活动不仅仅是一次性的交流和分享，更是一个长期的过程。受众在活动中结交了更多的朋友，彼此之间可能在未来形成一种长期的、稳定的社交圈子。而这种同时具有强关系和弱关系特征的社交方式更适合当下年轻群体，从而提升传播效果。受众群体中小的社交圈层的形成将会延长传播链条，在群体性传播之下形成第二级的传播，成为线下活动传播的回音和涟漪。

此外，可以采取文旅结合的策略，推出文化旅游线路。中原文化的传播可以联合相关机构开展，与当地的文化机构、旅游部门、景区等进行合作，共同推广中原地区的文化遗产和旅游资源，让用户在游览中原地区的名胜古迹、文化遗产等过程中，更加深入地了解和体验中原文化。

（二）线上传播让受众关注中原文化

通过建设线上短视频传播矩阵，让更多的用户了解和接触中原文化。

首先，可以在不同的短视频平台开设中原文化主题账号，发布相关的文化资讯、历史故事、民间传说等内容，吸引用户的关注。其次，可以通过线上互动的方式，让用户参与到中原文化的传承和发展中来。通过社交媒体、直播平台等渠道，组织线上互动活动，如知识竞赛、话题讨论、线上演出等，吸引用户参与，并引导他们了解中原文化。同时，可以设置奖励机制，以增加用户参与的积极性。最后，通过短视频对线下活动进行宣传和引流。短视频平台上的内容以生动、有趣的方式展示活动的亮点和特色，吸引潜在参与者的关注。

在短视频宣传线下活动的过程中，按照活动的前、中、后期划分，可以对应采取不同的宣传形式。在活动开始前，常见的宣传形式是制作活动预告，通过精彩的预告片激发观众对活动的期待和好奇心。预告片可以包含活动的主题、时间、地点、活动流程等信息，同时利用音乐、画面等元素营造活动的氛围。在活动进行中，可以通过短视频平台进行直播，让观众实时了解活动的进展和现场情况。这种方式需要提前做好直播的策划和准备工作，确保直播的内容和效果能够吸引观众的关注。在活动结束后，可以制作活动回顾视频，通过剪辑活动现场的精彩瞬间和亮点，让观众感受到活动的氛围和参与的乐趣。这种视频可以作为宣传材料，也可以作为活动后期的分享和纪念。

在短视频宣传的过程中，需要注意以下几点。首先，要确保视频的内容和表现形式能够吸引目标受众的关注。其次，要合理利用标签和关键词，提高视频在搜索结果中的排名。最后，要积极与观众互动，回复观众的评论和反馈，增强与观众的互动。

二　跨平台合作

传播主体除了利用短视频平台传播外，也可以考虑与其他社交媒体、OTT 平台等进行合作，扩大传播范围，吸引更多的受众。

（一）利用社交媒体平台提升传播效果

运用多平台策略，将短视频内容发布至不同的平台，利用各平台的特性和用户群体，提升传播效果。可以利用社交媒体来推广中原文化，让更多的人了解和喜爱中原文化。例如，可以在社交媒体上开设一些关于中原文化的专题讨论、线上活动等，通过社交媒体的传播和互动，让更多的人了解和喜爱中原文化。

除了短视频平台之外，可以利用社交媒体进行推广。邀请具有影响力的 KOL 或网红参与推广，可以扩大传播范围和提高影响力，吸引更多用户关注。

例如，可以在微博、微信、小红书等社交媒体平台上发布有关中原文化的文章、图片和视频等内容，吸引更多的关注和转发。同时，可以与这些平台的意见领袖和网红进行合作，提高中原文化的曝光率和影响力。

在社交媒体上发布内容时，需要注重内容的多样性和质量。可以发布一些有关中原历史、文化、风景、美食等方面的文章和图片，以及一些有趣的短视频。同时，需要注意与用户的互动，及时回复评论和私信，增强用户的黏性和参与度。

除了发布内容外，可以通过社交媒体进行推广活动。例如，可以组织一些有关中原文化的线上或线下活动，邀请用户参与并分享到社交媒体上，提高我们的曝光率和影响力。

社交媒体是一个互动性极强的推广平台，可以通过发布高质量的内容和组织推广活动来吸引更多的关注和参与，让更多的人了解和喜爱中原文化。在这些平台上，可以发布一些有关中原文化、历史、风景、美食等方面的短视频，吸引更多的关注和转发。

在利用社交媒体进行推广时，需要注重内容的多样性和质量，发布有趣、有价值的内容，吸引用户的关注和转发。结合时事热点和流行趋势，将内容与当下人们关注的话题相结合，提高内容的时效性和热度。注重内容的创新性和独特性，避免与其他内容雷同，增加内容的辨识度和记忆点。针对目标群体进行内容策划，了解他们的需求和兴趣，提供有价值、有针对性的内容。注重内容的可读性和易读性，使用简单易懂的语言和排版风格，让用户能够轻松阅读和理解内容。

在利用社交媒体进行推广时，需要注意与用户进行互动，及时回复评论和私信，这不仅可以增强用户的黏性和参与度，更有助于提升形象和口碑。当用户发现自己的评论或私信得到了及时的回复，他们会对账号产生更强烈的信任感和归属感，从而更愿意与账号进行深入的互动和交流。在社交媒体平台上，用户的声音往往代表着真实的需求和反馈，与用户进行互动可以更好地了解用户的需求和反馈，从而对产品或服务进行改进和优化。同时，通过与用户的互动，可以发现用户的关注点和兴趣点，从而更好地调整和优化营销策略，提高营销效果。

（二）与 OTT 平台进行合作，拓宽传播渠道

与 OTT 平台进行合作，将中原文化短视频集成到它们的内容库中，可以为观众提供更加便捷的观看体验。通过 Netflix、Amazon Prime 等平台，观众可以随时随地观看高质量的中原文化短视频，而且无须下载或安装任何应用程序。

这些 OTT 平台拥有庞大的用户基础和广泛的地域覆盖，它们通过将中原文化短视频集成到其内容库中，让更多的人了解和认识中原文化。这些平台不仅具有先进的推荐算法和用户数据分析技术，而且可以根据用户的观看记录和兴趣爱好，为用户推荐相关的中原文化短视频，从而为中原文化的传播增加新的观看渠道。

先进的算法技术可以有效地分析用户的观看行为和兴趣偏好，从而为他们推荐最符合需求的中原文化短视频。这种个性化的推荐方式不仅可以提高用户的观看体验，还可以增加用户对于中原文化的认知和理解。此外，OTT 平台拥有多样化的内容形式和丰富的互动功能，可以将中原文化以更加生动、形象的方式呈现给观众。通过观看这些短视频，观众可以更加深入地了解中原文化的内涵和特点，同时可以通过评论、点赞等互动方式与其他观众进行交流和分享。

通过与 OTT 平台合作，中原文化短视频可以获得更多的曝光和推广机会，从而提高知名度和影响力。同时，观众可以通过这些平台了解更多关于中原文化的知识和信息，增强对于中原文化的认知和理解。

三　社群运营

构建并运营特定的社群空间，比如在微信、Facebook 及 Reddit 论坛等平台上，建立用户交流、分享与学习中原文化的平台。这样的社群可以增进用户对中原文化的了解和热衷程度，同时推动用户间的沟通和互动，提升他们对中原文化的归属感和自豪感。此外，这个社群可以作为中原文化传承与发展的关键平台，吸引更多的人加入并参与其中。

此外，可以在 Facebook 群组中组织线上或线下的活动，比如文化讲座、展览和体验活动等。这些活动可以让更多的人亲身感受到中原文化的魅力，并且能够促进文化交流和理解。这些活动可以让更多的人了解并喜欢上中原文化，从而建立一个充满活力和创意的中原文化社群。

（一）组建社群，凝聚用户

通过社群这一形式凝聚用户，利用各种社区平台，如微博、抖音、B站等，提高他们的参与度和黏性，使每一个用户都成为中原文化的积极传播者。

可以将短视频平台的粉丝引流到微信平台，组建微信群并定期发布有关中原文化的文章、视频和音频内容，可以有效地引导群成员深入了解和探讨这一深厚的文化传统。这些多元化的内容形式不仅可以激发群成员的兴趣，还可以促进他们之间的交流与分享。邀请对中原文化有深入了解的人士加入群组，无疑为群成员带来了更多宝贵的见解和知识。这些专业人士的加入，使得群组内的讨论更具深度和广度，让每一个热爱中原文化的群成员都能受益，并且强化了用户黏性。

在 Facebook 的群组中，可以分享许多有关中原历史、文学、艺术和传统习俗的有趣内容，这些内容涵盖了各个领域，并且能够让人们了解到中原文化的深厚底蕴和独特魅力。还可以分享中原文化的最新动态和趋势，这些信息会帮助人们更好地了解当下社会的文化发展。

在 Reddit 论坛中，可以创建一个专门的板块来讨论中原文化。这样的举措能够让更多不同背景、不同国家、不同年龄层的人们有机会接触到中原文化，并激发他们对这一文化的兴趣和好奇。通过这个板块，他们可以了解到中原文化的丰富多样性，以及深厚的历史底蕴。这个板块将鼓励成员们分享自己对于中原文化的独到见解和亲身体验。他们的分享将为这个板块注入新的活力，带来更深入的洞察和理解。这些分享的内容将为其他人提供一个全面的、多角度地了解中原文化的平台。同时，他们的热情和专业知识将激发其他成员对中原文化的探索欲望，也将推动中原文化的国际化传播，让更多的人领略到它的魅力。

传播主体利用这些社群平台，可以建立一个充满活力和创意的中原文化社群，让更多的人了解并喜欢上中原文化。这个社群可以成为一个促进文化交流和理解的重要场所，让不同背景的人们能够相互了解和尊重。同时，这个社群可以成为一个促进文化传承和发展的重要力量。

（二）定期举办社群活动

可以定期在社群中举办一些有趣的活动，以提高社群成员的参与度和活跃度。例如，可以举办线上讲座或问答活动，让社群成员有机会深入了解关于中原文化某个特定领域的知识，同时可以与其他成员分享经验和见解。此外，可以举办一些创意比赛或挑战活动，鼓励社群成员展示他们的创意和技能，同时能够增强社群内部的互动和交流。另外，定期在社群中发布一些关于中原文化的有趣内容，可以帮助提高社群的活跃度和参与度。总之，通过举办各种活动和发布有趣的内容，可以让社群成员更加喜欢在社群中交流和互动，从而促进社群的健康发展。另外，为了提高社群成员的参与度和活跃度，可以采取一些其他的措施。例如，可以定期在社群中发布一些调查问卷或投票，了解社群成员的需求和意见，以便更好地为他们提供服务和支持。同时，可以在社群中开设一些小栏目或话题，例如"今日热门话题""网友求助"等，让社群成员可以自由地讨论和交流。此外，可以定期在社群中举办一些互动游戏或抽奖活动，鼓励社群成员参与其中，这能够提高社群的趣味性和互动性。

另外，为了让社群成员更加喜欢在社群中交流和互动，可以采取一些人性化的措施。例如，可以在社群中设置一些个性化的表情包或标签，让社群成员可以更加轻松愉快地进行交流。同时，可以在社群中开设一些专门的板块或频道，例如"新手入门""高级玩家"等为不同的用户群体提供更加专业的服务和支持。此外，可以定期在社群中发布一些感恩回馈或福利活动来感谢社群成员的支持和参与，能够提高社群的吸引力和凝聚力。

引导更多的人参与到社群活动中来，让他们在分享自己文化经历、交流心得的同时，深入了解中原文化的内涵和价值。社群活动形式可以丰富多样，可以组织各种线上、线下的活动，如文化节、展览、演出等，让用户从中获得更直观、生动的体验，更加亲近中原文化，从而提高他们的文化素养和认知水平。社群活动中的每一个成员都可以成为中原文化的积极倡导者，他们通过自己的言行影响身边的人，成为中原文化的宣讲员。

总之，传播主体可以通过采取多种措施和方法，让社群成员更加喜欢在社群中交流和互动，从而促进社群的健康发展。同时，可以根据不同的社群类型和需求，制定更加具体的计划和方案，以满足社群成员的需求和期望。

本章小结

中原文化的传播应紧密结合短视频，契合当下的传播形态。在未来，中原文化的传播和发展必然受到技术、社会和政策等多种因素的影响。

首先，技术的进步将为中原文化短视频传播提供更多的可能性。未来，人工智能、虚拟现实和增强现实等技术将更加成熟，使得短视频内容更加丰富、生动、有趣。例如，利用人工智能技术对短视频进行智能剪辑，能够提高制作效率和质量；虚拟现实技术则可以让观众身临其境地感受中原文化的魅力；增强现实技术则可以将中原文化元素与现实场景相结合，带来全新的视觉体验。

其次，社会因素将对中原文化短视频传播产生重要影响。随着社会的发展，人们对传统文化的认知和需求也在不断提高。传播主体通过短视频这种传播形式，可以让更多人了解和认识中原文化，满足人们的精神需求。同时，短视频平台的普及和便捷性也使得更多人能够参与到中原文化传播中来，促进文化的传承和发展。

最后，政策因素也将对中原文化短视频传播产生重要影响。政府对文化产业的支持力度，以及对新媒体平台的监管政策，都会直接影响中原文化短视频的传播效果。政府通过出台一系列政策，鼓励和支持文化企业、媒体机构和民间团体传播中原文化，可以极大促进中原文化的传承与创新。

未来中原文化短视频传播将朝着智能化、丰富化和社交化的方向发展。为了更好地推动中原文化短视频传播的发展，需要在以下几个方面持续发力。

一是加强技术投入，提高制作水平。未来应加大对技术研发的投入，利用先进的技术手段提升中原文化短视频的制作水平和传播效果。例如，利用人工智能技术对视频素材进行智能剪辑和优化，提高制作效率和质量；运用虚拟现实和增强现实技术，为观众带来更加沉浸式的观看体验。

二是注重社会参与，扩大传播范围。未来应积极引导社会力量参与中原文化短视频传播，扩大传播范围和提高社会影响力。例如，可以联合各大短视频平台开展中原文化主题活动，吸引更多用户关注和参与；鼓励各类社会组织和个人参与中原文化的传播和推广工作，形成多元化的传播格局。

三是挖掘文化资源，传承中华优秀传统文化。未来应深入挖掘中原地区的文化资源，传承和弘扬优秀传统文化。例如，加强对历史文化遗迹、非物质文化遗产等资源的保护和传承工作；挖掘传统艺术、民间工艺等特色文化资源，通过短视频进行展示和推广。

四是加强国际传播，展示中原形象。未来应加大中原文化短视频在国际市场的传播力度，展示中原地区的良好形象。例如，通过各种国际交流活动和展览展示中原文化的魅力；联合国外知名媒体或平台开展合作，共同推广中原文化；鼓励国外游客来中原地区旅游观光，让他们亲身体验中原文化的独特魅力。

总之，未来中原文化短视频传播的趋势和发展将受到技术、社会和政策等多种因素的影响。为了更好地推动中原文化的传承和发展，需要我们不断加大技术投入、注重社会参与、挖掘文化资源、加强政策扶持以及加强国际传播等。

参考文献

一　中文期刊

陈莉：《非物质文化遗产的碎片化及其对策》，《徐州师范大学学报》（哲学社会科学版）2009 年第 2 期。

陈民镇：《"二里头商都说"的再检视》，《华夏考古》2020 年第 2 期。

陈楠、白凯、乔光辉、朴根秀：《入境游客对中国传统文化旅游产品满意度的实证研究——以禅宗少林音乐大典为例》，《旅游学刊》2008 年第 6 期。

陈萍：《河南饮食的现状及发展对策》，《平原大学学报》2006 年第 2 期。

陈莹盈：《移动社交媒体旅游体验分享动机探析》，《厦门理工学院学报》2016 年第 6 期。

陈映：《城市形象的媒体建构——概念分析与理论框架》，《新闻界》2009 年第 5 期。

邓淑苹：《史前至夏时期"华西系玉器"研究》（下），《中原文物》2022 年第 2 期。

樊传果：《城市品牌形象的整合传播策略》，《当代传播》2006 年第 5 期。

高大伟、丁晓雪、蒋雪洁：《面向文化大数据的少林文化信息资源建设探析》，《档案与建设》2022 年第 5 期。

何国平：《城市形象对外传播的文化策略》，《对外传播》2010 年第 6 期。

何岩柯等：《中国传统文化的基本精神与现代传承》，《人民论坛》2019 年第 33 期。

侯彦喜、梁留科：《北宋时期开封饮食文化繁荣机理分析》，《商业研究》

2008 年第 6 期。

蒋廉雄、卢泰宏：《地区形象研究的背景、视角及其概念发展》，《工业技术经济》2005 年第 7 期。

蒋廉雄、朱辉煌、卢泰宏：《区域形象的概念分析及其营销框架》，《中山大学学报》（社会科学版）2006 年第 5 期。

李岗、田亚岐、肖健一、许卫红、杨武站、孙伟刚：《2008～2017 年陕西秦汉考古综述》，《考古与文物》2018 年第 5 期。

李海霞：《民间传统文化品牌形象的媒介传播——以少林寺为例》，《现代传播》（中国传媒大学学报）2009 年第 6 期。

李世宏、王岗、邱丕相：《少林武术文化品牌的培育与推广》，《成都体育学院学报》2012 年第 5 期。

刘福兴：《洛阳水席与河洛饮食文化》，《洛阳师专学报》1999 年第 4 期。

陆晔、赖楚谣：《短视频平台上的职业可见性：以抖音为个案》，《国际新闻界》2020 年第 6 期。

皮瑞、郑鹏：《"网评少林"：少林寺旅游认知、情感、整体形象研究》，《干旱区资源与环境》2017 年第 4 期。

宋启文：《从北宋开封官、商、寺、民饮馔窥视豫菜一斑》，《中国烹饪研究》1995 年第 1 期。

孙丽辉等：《国外区域品牌化理论研究进展探析》，《外国经济与管理》2009 年第 2 期。

孙周勇、邵晶、邸楠：《石峁遗址的考古发现与研究综述》，《中原文物》2020 年第 1 期。

王超、骆克任：《基于网络舆情的旅游包容性发展研究——以湖南凤凰古城门票事件为例》，《经济地理》2014 年第 1 期。

王伟年、刘志勇：《文化产业对城市形象构建的影响探析》，《江西社会科学》2006 年第 7 期。

王学宾：《2021 年中原学理论研讨会综述》，《黄河科技学院学报》2021 年第 12 期。

徐秋霞、唐晓蓉：《嵩山景区媒体传播现状分析》，《青年记者》2012 年第 14 期。

姚占雷等：《网络游记中的景区共现现象分析——以华东地区首批国家 5A 级旅游景区为例》，《旅游科学》2011 年第 2 期。

尹全海：《"根在中原"的结构过程》，《中州学刊》2020 年第 8 期。

张春香：《河南文化旅游资源分类及其优势分析》，《中州学刊》2018 年第 6 期。

张楠：《以食为媒：饮食文化传播与国家形象建构》，《新闻爱好者》2020 年第 4 期。

张小林、孙玮、龙佩林：《少林武术文化资源开发与品牌营销研究》，《西安体育学院学报》2008 年第 2 期。

郑刚：《文化：城市形象的灵魂》，《公关世界》1996 年第 9 期。

郑蔚：《遗失的城市精神——河南城市品牌建设与文化精神若干问题研究》，《美术大观》2017 年第 11 期。

钟俊昆：《客家历史源流研究述评与展望》，《地方文化研究》2019 年第 2 期。

周斌：《浅析少林武术的禅武结合与异质文化交流》，《搏击·武术科学》2008 年第 1 期。

周丽梅：《媒介融合背景下中原文化 IP 开发的机遇与挑战》，《新闻爱好者》2018 年第 2 期。

朱江、王柏、吴斌：《新浪微博群体分级别情感行为分析及建模仿真》，《北京邮电大学学报》2013 年第 6 期。

二 英文期刊

Anholt, S., "Foreword," *Place Branding & Public Diplomacy* 1 (2005): 128.

Anholt, Simon, "The Anholt-GMI city brands index: How the world sees the world's cities," *Place Branding & Public Diplomacy* 2 (2006): 18–31.

Gertner, D., Kotler, P., "How can a place correct a negative image," *Place Branding & Public Diplomacy* 1 (2004): 50–57.

Chen, X., You, E. S., Lee, T. J., et al., "The influence of historical nostalgia on a heritage destination's brand authenticity, brand attachment, and brand equity: Historical nostalgia on a heritage destination's brand authenticity," *International Journal of Tourism Research* 23 (2021): 1176–1190.

图书在版编目（CIP）数据

短视频时代中原文化传播创新 / 邓元兵著. -- 北京：
社会科学文献出版社，2025.4. --（眉湖：传媒书系）.
ISBN 978-7-5228-4957-7

Ⅰ. G127.61

中国国家版本馆 CIP 数据核字第 20256Z9W26 号

眉湖·传媒书系
短视频时代中原文化传播创新

著　　者 / 邓元兵

出 版 人 / 冀祥德
组稿编辑 / 周　琼
责任编辑 / 朱　月
责任印制 / 岳　阳

出　　版 / 社会科学文献出版社（010）59367126
　　　　　　地址：北京市北三环中路甲 29 号院华龙大厦　邮编：100029
　　　　　　网址：www.ssap.com.cn
发　　行 / 社会科学文献出版社（010）59367028
印　　装 / 三河市东方印刷有限公司

规　　格 / 开　本：787mm×1092mm　1/16
　　　　　　印　张：11.75　字　数：185 千字
版　　次 / 2025 年 4 月第 1 版　2025 年 4 月第 1 次印刷
书　　号 / ISBN 978-7-5228-4957-7
定　　价 / 79.00 元

读者服务电话：4008918866